A QUARTA REVOLUÇÃO INDUSTRIAL

O livro é a porta que se abre para a realização do homem.
Jair Lot Vieira

A QUARTA REVOLUÇÃO INDUSTRIAL

Klaus Schwab

Formado em Engenharia e Economia.
Doutor em Economia pela Universidade de Friburgo
e em Engenharia pelo Instituto Federal
de Tecnologia de Zurique (ETH Zurich).
Mestre em Administração Pública pela Kennedy
School of Government da Universidade de Harvard.
Fundador e Presidente Executivo do Fórum Econômico Mundial.

Tradução
DANIEL MOREIRA MIRANDA
Formado em Letras pela USP
e em Direito pela Universidade Mackenzie.

© 2016 by World Economic Forum – All rights reserved.
Title of the English original version: "The Fourth Industrial Revolution", published 2016, together with the following acknowledgement: "This translation of 'The Fourth Industrial Revolution' is published by arrangement with the World Economic Forum, Geneva, Switzerland".
© 2016 of the Brazilian Portuguese by Edipro.
No part of this publication may be reproduced, stored in a retrieval system, or transmitted, in any form or by any means, whether by electronic, mechanical and/or photocopying means without the prior written permission of the World Economic Forum, Geneva, Switzerland.

Copyright da tradução e desta edição © 2016 by Edipro Edições Profissionais Ltda.

Todos os direitos reservados. Nenhuma parte deste livro poderá ser reproduzida ou transmitida de qualquer forma ou por quaisquer meios, eletrônicos ou mecânicos, incluindo fotocópia, gravação ou qualquer sistema de armazenamento e recuperação de informações, sem permissão por escrito do editor.

Grafia conforme o novo Acordo Ortográfico da Língua Portuguesa.

1ª edição, 7ª reimpressão 2021.

Editores: Jair Lot Vieira e Maíra Lot Vieira Micales
Coordenação editorial: Fernanda Godoy Tarcinalli
Tradução: Daniel Moreira Miranda
Revisão: Ana Paula Luccisano e Brendha Rodrigues Barreto
Diagramação e Arte: Karine Moreto Massoca

Dados Internacionais de Catalogação na Publicação (CIP)
(Câmara Brasileira do Livro, SP, Brasil)

Schwab, Klaus
   A quarta revolução industrial / Klaus Schwab ; tradução Daniel Moreira Miranda. – São Paulo : Edipro, 2016.

   Título original: The Fourth Industrial Revolution.
   ISBN 978-85-7283-978-5 (impresso)
   ISBN 978-85-521-0046-1 (e-pub)

   1. Comunicação digital 2. Inovações tecnológicas – Aspectos econômicos 3. Inovações tecnológicas – Aspectos sociais 4. Tecnologia da informação I. Título.

16-02904   CDD-330.9034

Índice para catálogo sistemático:
1. Revolução industrial : História econômica : 330.9034

São Paulo: (11) 3107-7050 • Bauru: (14) 3234-4121
www.edipro.com.br • edipro@edipro.com.br
@editoraedipro   @editoraedipro

Agradecimentos

Todos nós do Fórum Econômico Mundial estamos cientes de nossa responsabilidade, como organização internacional de cooperação público-privada, de servir como uma plataforma global com o objetivo de ajudar a definir os desafios associados à quarta revolução industrial e ajudar todas as partes interessadas a estabelecerem as soluções mais adequadas de forma proativa e abrangente, em colaboração com nossos parceiros, membros e constituintes.

Por essa razão, em 2016, o tema da reunião anual do Fórum em Davos-Klosters será "Para dominar a Quarta Revolução Industrial". Estamos empenhados em criar discussões construtivas e parcerias em torno desse tema em todos os nossos desafios, projetos e reuniões. A Reunião Anual dos Novos Campeões, promovida pelo Fórum, será realizada em Tianjin, na China, em junho de 2016, e também proporcionará uma oportunidade fundamental para que líderes e inovadores em pesquisa, tecnologia, comercialização e regulamentação se conheçam e troquem ideias sobre como aproveitar a quarta revolução industrial para o maior benefício possível de todos. Para todas essas atividades, espero que este livro sirva como uma porta de entrada e guia, provendo instrumentos aos líderes para que possam lidar com as implicações políticas, sociais e econômicas, bem como compreender os avanços tecnológicos que as criam.

Este livro não teria sido possível sem o apoio entusiástico e o engajamento de todos os meus colegas do Fórum Econômico Mundial. Devo-lhes minha imensa gratidão. Expresso meu agradecimento especial a Nicholas Davis, Thierry Malleret e Mel Rogers, que foram parceiros essenciais em toda a investigação e no processo de escrita. Agradeço também aos meus colegas e a todas as equipes que contribuíram para seções específicas do livro, particularmente: Jennifer Blanke, Margareta Drzeniek-Hanouz,

Silvia Magnoni e Saadia Zahidi por economia e sociedade; Jim Hagemann Snabe, Mark Spelman e Bruce Weinelt por empresas e indústrias; Dominic Waughray pela seção sobre o meio ambiente; Helena Leurent pelos governos; Espen Barth Eide e Anja Kaspersen por geopolítica e segurança internacional; e Olivier Oullier pela neurotecnologia.

Este trabalho descortinou a excepcional *expertise* de todo o pessoal do fórum, e agradeço a todos os que compartilharam suas ideias comigo, tanto *on-line* quanto pessoalmente. Aqui, em especial, agradeço aos membros do grupo de trabalho "Tecnologias Emergentes": David Gleicher, Rigas Hadzilacos, Natalie Hatour, Fulvia Montresor e Olivier Woeffray – e os muitos outros que usaram seu tempo para pensar profundamente sobre essas questões: Chidiogo Akunyili, Claudio Cocorocchia, Nico Daswani, Mehran Gul, Alejandra Guzman, Mike Hanley, Lee Howell, Jeremy Jurgens, Bernice Lee, Alan Marcus, Adrian Monck, Thomas Philbeck e Philip Shetler-Jones.

Minha profunda gratidão também vai para todos os membros da comunidade do Fórum que ajudaram a moldar meu pensamento sobre a quarta revolução industrial. Sou particularmente grato a Andrew McAfee e Erik Brynjolfsson por inspirarem minhas ideias sobre os impactos das inovações tecnológicas e os grandes desafios e oportunidades que se encontram pela frente; e a Stewart Wallis e Dennis Snower, por ressaltarem a necessidade de narrativas com base em valores, caso queiramos ter sucesso no aproveitamento da quarta revolução industrial para o bem global.

Agradecimentos adicionais a Marc Benioff, Katrine Bosley, Justine Cassell, Mariette DiChristina, Murali Doraiswamy, Nita Farahany, Zev Furst, Nik Gowing, Victor Halberstadt, Ken Hu, Lee Sang-Yup, Alessio Lomuscio, Jack Ma, Ellen MacArthur, Peter Maurer, Bernard Meyerson, Andrew Maynard, William McDonough, James Moody, Andrew Moore, Michael Osborne, Fiona Paua Schwab, Feike Sijbesma, Vishal Sikka, Philip Sinclair, Hilary Sutcliffe, Nina Tandon, Farida Vis, Sir Mark Walport e Alex Wyatt, todos os quais com quem me correspondia ou foram entrevistados para este livro.

A Rede de Conselhos da Agenda Global do Fórum e nossas "comunidades voltadas para o futuro" envolveram-se fortemente neste assunto e ofereceram muitos *insights* sobre todos os temas discutidos aqui. Agradecimento especial aos Conselhos da Agenda Global nos tópicos sobre o Futuro do *Software* e da Sociedade, Migração e o Futuro das Cidades. Agradeço também ao notável conjunto de líderes que dispensaram generosamente seu tempo e conhecimentos sobre esse tema durante a Conferência da Agenda Global de 2015 em Abu Dhabi, bem como aos membros do Global Shapers, Jovens Líderes Globais e Comunidades de Jovens Cientistas, particularmente aqueles que contribuíram com suas ideias através do TopLink, a plataforma de colaboração e conhecimento virtual do Fórum.

Agradecimento especial também para Alejandro Reyes pela edição, Scott David pela concepção e Kamal Kimaoui por seus *layouts* e seu toque editorial.

Para que o livro ficasse pronto antes da Reunião Anual de 2016, ele precisou ser escrito em menos de três meses, com a colaboração de pessoas de todo o mundo. Isso realmente reflete o ambiente dinâmico e acelerado da quarta revolução industrial. Então, por fim, desejo transmitir minha profunda gratidão a você, leitor, por embarcar nessa viagem comigo e por seu compromisso duradouro para melhorar o mundo.

Sumário

Introdução	11
Capítulo 1 – A Quarta Revolução Industrial	**15**
1.1. Contexto histórico	15
1.2. Mudança sistemática e profunda	17
Capítulo 2 – Impulsionadores	**23**
2.1. Megatendências	23
2.1.1. Categoria física	23
2.1.2. Categoria digital	26
2.1.3. Biológica	29
2.2. Pontos de inflexão	33
Capítulo 3 – Impactos	**35**
3.1. Economia	35
3.1.1. Crescimento	35
3.1.2. Emprego	41
3.1.3. A natureza do trabalho	53
3.2. Negócios	56
3.2.1. As expectativas dos consumidores	58
3.2.2. Produtos inteligentes	61
3.2.3. Inovação colaborativa	62
3.2.4. Novos modelos operacionais	63
3.3. Nacional e global	71
3.3.1. Governos	72
3.3.2. Países, regiões e cidades	78
3.3.3. Segurança internacional	84
3.4. Sociedade	93
3.4.1. A desigualdade e a classe média	94
3.4.2. Comunidade	96
3.5. O indivíduo	99
3.5.1. Identidade, moralidade e ética	100
3.5.2. Conexão humana	103
3.5.3. Gerenciamento de informações públicas e privadas	104

O caminho a seguir 107

Apêndice – A mudança profunda 115
    Mudança 1: Tecnologias implantáveis 115
    Mudança 2: Nossa presença digital 117
    Mudança 3: A visão como uma nova interface 119
    Mudança 4: Tecnologia vestível 121
    Mudança 5: Computação ubíqua 122
    Mudança 6: Um supercomputador no seu bolso 124
    Mudança 7: Armazenamento para todos 128
    Mudança 8: A internet das coisas e para as coisas 129
    Mudança 9: A casa conectada 133
    Mudança 10: Cidades inteligentes 135
    Mudança 11: *Big data* e as decisões 136
    Mudança 12: Carros sem motorista 138
    Mudança 13: A Inteligência Artificial (IA) e a tomada de decisões ... 140
    Mudança 14: A Inteligência Artificial (IA) e as funções
        administrativas 141
    Mudança 15: Robótica e serviços 143
    Mudança 16: *Bitcoin* e *blockchain* 145
    Mudança 17: A economia compartilhada 145
    Mudança 18: Os governos e o *blockchain* 147
    Mudança 19: Impressão em 3D e fabricação 148
    Mudança 20: Impressão em 3D e saúde humana 151
    Mudança 21: Impressão em 3D e produtos de consumo 153
    Mudança 22: Seres projetados 155
    Mudança 23: Neurotecnologias 156

Introdução

Atualmente, enfrentamos uma grande diversidade de desafios fascinantes; entre eles, o mais intenso e importante é o entendimento e a modelagem da nova revolução tecnológica, a qual implica nada menos que a transformação de toda a humanidade. Estamos no início de uma revolução que alterará profundamente a maneira como vivemos, trabalhamos e nos relacionamos. Em sua escala, escopo e complexidade, a quarta revolução industrial é algo que considero diferente de tudo aquilo que já foi experimentado pela humanidade.

Ainda precisamos compreender de forma mais abrangente a velocidade e a amplitude dessa nova revolução. Imagine as possibilidades ilimitadas de bilhões de pessoas conectadas por dispositivos móveis, dando origem a um poder de processamento, recursos de armazenamento e acesso ao conhecimento sem precedentes. Ou imagine a assombrosa profusão de novidades tecnológicas que abrangem numerosas áreas: inteligência artificial (IA), robótica, a internet das coisas (IoT, na sigla em inglês), veículos autônomos, impressão em 3D, nanotecnologia, biotecnologia, ciência dos materiais, armazenamento de energia e computação quântica, para citar apenas algumas. Muitas dessas inovações estão apenas no início, mas já estão chegando a um ponto de inflexão de seu desenvolvimento, pois elas constroem e amplificam umas às outras, fundindo as tecnologias dos mundos físico, digital e biológico.

Somos testemunhas de mudanças profundas em todos os setores, marcadas pelo surgimento de novos modelos de negócios, pela descontinuidade[1] dos operadores e pela reformulação da produção, do consumo, dos trans-

---

1. Os termos "ruptura" e "inovação descontínua" têm sido muito discutidos em círculos de negócios e de estratégias de gestão, mais recentemente, por Clayton M. Christensen, Michael E. Raynor e Rory McDonald, "What is Disruptive Innovation?", *Harvard Business Review*, dez. 2015.

portes e dos sistemas logísticos. Na sociedade, há uma mudança de paradigma em curso no modo como trabalhamos e nos comunicamos, bem como nas maneiras de nos expressarmos, nos informarmos e nos divertirmos. Igualmente, está em andamento a reformulação de governos e de nossas instituições; o mesmo ocorre, entre muitos outros, com os sistemas de educação, de saúde e de transportes. As novas maneiras de usarmos a tecnologia para promover a mudança de comportamentos e os sistemas de produção e consumo também formam um potencial de regeneração e preservação dos ambientes naturais sem criar custos ocultos sob a forma de externalidades.

As alterações, em termos de tamanho, velocidade e escopo, são históricas.

Se, por um lado, a profunda incerteza que rodeia o desenvolvimento e a adoção de tecnologias emergentes significa que ainda não conhecemos os desdobramentos das transformações geradas por essa revolução industrial, por outro, a complexidade e a interconexão entre os setores implicam que todos os *stakeholders* da sociedade global – governos, empresas, universidades e sociedade civil – devem trabalhar juntos para melhor entender as tendências emergentes.

O conhecimento compartilhado passa a ser especialmente decisivo para moldarmos um futuro coletivo que reflita valores e objetivos comuns. Precisamos de uma visão compartilhada abrangente e global sobre como a tecnologia tem mudado nossas vidas e mudará a das gerações futuras, e sobre como ela está remodelando o contexto econômico, social, cultural e humano em que vivemos.

As mudanças são tão profundas que, na perspectiva da história humana, nunca houve um momento tão potencialmente promissor ou perigoso. A minha preocupação, no entanto, é que os tomadores de decisão costumam ser levados pelo pensamento tradicional linear (e sem ruptura) ou costumam estar muito absorvidos por preocupações imediatas; e, portanto, não conseguem pensar de forma estratégica sobre as forças de ruptura e inovação que moldam nosso futuro.

Estou bastante ciente de que alguns acadêmicos e profissionais consideram que essas inovações são somente mais um aspecto da terceira

---

Se, por um lado, respeitei as preocupações do professor Christensen e seus colegas pelas definições, empreguei significados mais amplos neste livro.

revolução industrial. Três razões, no entanto, sustentam minha convicção da ocorrência de uma quarta – e distinta – revolução:
- **Velocidade**: ao contrário das revoluções industriais anteriores, esta evolui em um ritmo exponencial e não linear. Esse é o resultado do mundo multifacetado e profundamente interconectado em que vivemos; além disso, as novas tecnologias geram outras mais novas e cada vez mais qualificadas.
- **Amplitude e profundidade**: ela tem a revolução digital como base e combina várias tecnologias, levando a mudanças de paradigma sem precedentes da economia, dos negócios, da sociedade e dos indivíduos. A revolução não está modificando apenas o "o que" e o "como" fazemos as coisas, mas também "quem" somos.
- **Impacto sistêmico**: ela envolve a transformação de sistemas inteiros entre países e dentro deles, em empresas, indústrias e em toda sociedade.

Ao escrever este livro, minha intenção é oferecer uma cartilha sobre a quarta revolução industrial: O que é? O que gerará? Que impactos causará a nós? O que pode ser feito para aproveitá-la para o bem comum? Este texto foi escrito para todos aqueles que se interessam por nosso futuro, que estão empenhados em utilizar as oportunidades dessa mudança revolucionária para tornar o mundo um lugar melhor.

São três os meus objetivos principais:
- gerar maior conscientização sobre a abrangência e a velocidade da revolução tecnológica e de seu impacto multifacetado;
- criar uma estrutura para que possamos pensar sobre a revolução tecnológica que perfila as questões principais e ressalta as respostas possíveis; e
- oferecer uma plataforma que inspire a cooperação público-privada e as parcerias em questões relacionadas à revolução tecnológica.

Acima de tudo, este livro tem como objetivo enfatizar a forma como tecnologia e sociedade coexistem. A tecnologia não é uma força externa, sobre a qual não temos nenhum controle. Não estamos limitados por uma escolha binária entre "aceitar e viver com ela" ou "rejeitar e viver sem ela". Na verdade, tomamos a dramática mudança tecnológica como um convite para refletirmos sobre quem somos e como vemos o mundo. Quanto mais pensamos sobre como aproveitar a revolução tecnológica, mais analisamos a nós mesmos e os modelos sociais subjacentes que são incorporados e permitidos por essas tecnologias. E mais oportunidades teremos para moldar a revolução de uma forma que melhore o estado do mundo.

Moldar a quarta revolução industrial para garantir que ela seja empoderadora e centrada no ser humano – em vez de divisionista e desumana – não é uma tarefa para um único interessado ou setor, nem para uma única região, ou indústria ou cultura. Pela própria natureza fundamental e global dessa revolução, ela afetará e será influenciada por todos os países, economias, setores e pessoas. É, portanto, crucial que nossa atenção e energia estejam voltadas para a cooperação entre múltiplos *stakeholders* que envolvam e ultrapassem os limites acadêmicos, sociais, políticos, nacionais e industriais. As interações e as colaborações são necessárias para criarmos narrativas positivas, comuns e cheias de esperança que permitam que indivíduos e grupos de todas as partes do mundo participem e se beneficiem das transformações em curso.

Grande parte das informações e minhas próprias análises feitas neste livro são baseadas em projetos em andamento e iniciativas do Fórum Econômico Mundial. Elas foram desenvolvidas, discutidas e questionadas nas reuniões recentes do Fórum. Assim, este livro também oferece uma estrutura para que possamos dar forma às atividades futuras do Fórum Econômico Mundial. Tomei como base, da mesma forma, as numerosas conversas que tive com empresas, governos e líderes da sociedade civil, bem como com pioneiros tecnológicos e jovens. É, nesse sentido, um livro coletivo formado por múltiplas contribuições, por um *crowdsourcing*, produto da sabedoria coletiva e esclarecida das comunidades do Fórum.

O livro está organizado em três capítulos. O primeiro consiste em uma visão geral da quarta revolução industrial. O segundo apresenta as principais tecnologias transformadoras. No terceiro capítulo, mergulhamos profundamente nos impactos da revolução e em alguns dos desafios políticos criados por ela. Ao final, passo a sugerir ideias práticas e soluções sobre a melhor maneira de adaptarmos, dar forma e aproveitar o potencial dessa grande transformação.

CAPÍTULO 1
A Quarta Revolução Industrial

1.1 Contexto histórico

A palavra "revolução" denota mudança abrupta e radical. Em nossa história, as revoluções têm ocorrido quando novas tecnologias e novas formas de perceber o mundo desencadeiam uma alteração profunda nas estruturas sociais e nos sistemas econômicos. Já que a história é usada como referência, as alterações podem levar anos para se desdobrarem.

A primeira mudança profunda em nossa maneira de viver – a transição do forrageamento (a busca por alimentos) para a agricultura – ocorreu há cerca de 10.000 anos e foi possível graças à domesticação dos animais. A revolução agrícola combinou a força dos animais e a dos seres humanos em benefício da produção, do transporte e da comunicação. Pouco a pouco, a produção de alimentos melhorou, estimulando o crescimento da população e possibilitando assentamentos humanos cada vez maiores. Isso acabou levando à urbanização e ao surgimento das cidades.

A revolução agrícola foi seguida por uma série de revoluções industriais iniciadas na segunda metade do século XVIII. A marca dessas revoluções foi a transição da força muscular para a energia mecânica, a qual evolui até a atual quarta revolução industrial, momento em que a produção humana é aumentada por meio da potência aprimorada da cognição.

A primeira revolução industrial ocorreu aproximadamente entre 1760 e 1840. Provocada pela construção das ferrovias e pela invenção da máquina a vapor, ela deu início à produção mecânica. A segunda revolução industrial, iniciada no final do século XIX, entrou no século XX e, pelo advento da eletricidade e da linha de montagem, possibilitou a produção em massa. A terceira revolução industrial começou na década de 1960.

Ela costuma ser chamada de revolução digital ou do computador, pois foi impulsionada pelo desenvolvimento dos semicondutores, da computação em *mainframe* (década de 1960), da computação pessoal (década de 1970 e 1980) e da internet (década de 1990).

Ciente das várias definições e argumentos acadêmicos utilizados para descrever as três primeiras revoluções industriais, acredito que hoje estamos no início de uma quarta revolução industrial. Ela teve início na virada do século e baseia-se na revolução digital. É caracterizada por uma internet mais ubíqua e móvel, por sensores menores e mais poderosos que se tornaram mais baratos e pela inteligência artificial e aprendizagem automática (ou aprendizado de máquina).

As tecnologias digitais, fundamentadas no computador, *software* e redes, não são novas, mas estão causando rupturas à terceira revolução industrial; estão se tornando mais sofisticadas e integradas e, consequentemente, transformando a sociedade e a economia global. Por esse motivo, os professores Erik Brynjolfsson e Andrew McAfee do *Massachusetts Institute of Technology* (MIT) disseram que este período é "a segunda era da máquina"[2] no título do livro publicado por eles em 2014; estes dois professores afirmam que o mundo está em um ponto de inflexão em que o efeito dessas tecnologias digitais irá se manifestar com "força total" por meio da automação e de "coisas sem precedentes".

Na Alemanha, há discussões sobre a "indústria 4.0", um termo cunhado em 2011 na feira de Hannover para descrever como isso irá revolucionar a organização das cadeias globais de valor. Ao permitir "fábricas inteligentes", a quarta revolução industrial cria um mundo onde os sistemas físicos e virtuais de fabricação cooperam de forma global e flexível. Isso permite a total personalização de produtos e a criação de novos modelos operacionais.

A quarta revolução industrial, no entanto, não diz respeito apenas a sistemas e máquinas inteligentes e conectadas. Seu escopo é muito mais amplo. Ondas de novas descobertas ocorrem simultaneamente em áreas que vão desde o sequenciamento genético até a nanotecnologia, das energias renováveis à computação quântica. O que torna a quarta revolução industrial fundamentalmente diferente das anteriores é a fusão dessas tecnologias e a interação entre os domínios físicos, digitais e biológicos.

---

2. Erik Brynjolfsson e Andrew McAfee, *The Second Machine Age: Work, Progress, and Prosperity in a Time of Brilliant Technologies*, W. W. Norton & Company, 2014.

Nessa revolução, as tecnologias emergentes e as inovações generalizadas são difundidas muito mais rápida e amplamente do que nas anteriores, as quais continuam a desdobrar-se em algumas partes do mundo. A segunda revolução industrial precisa ainda ser plenamente vivida por 17% da população mundial, pois quase 1,3 bilhão de pessoas ainda não têm acesso à eletricidade. Isso também é válido para a terceira revolução industrial, já que mais da metade da população mundial, 4 bilhões de pessoas, vive em países em desenvolvimento sem acesso à internet. O tear mecanizado (a marca da primeira revolução industrial) levou quase 120 anos para se espalhar fora da Europa. Em contraste, a internet espalhou-se pelo globo em menos de uma década.

A lição da primeira revolução industrial ainda é válida hoje, a saber: um dos grandes determinantes do progresso consiste na extensão que a inovação tecnológica é adotada pela sociedade. O governo e as instituições públicas, bem como o setor privado, precisam fazer sua parte, mas também é essencial que os cidadãos enxerguem os benefícios de longo prazo.

Estou convencido de que a quarta revolução industrial será tão poderosa, impactante e historicamente importante quanto as três anteriores. No entanto, tenho duas grandes preocupações sobre os fatores que podem limitar a realização efetiva e coesa da quarta revolução industrial.

Primeiro, acredito que os níveis exigidos de liderança e compreensão sobre as mudanças em curso, em todos os setores, são baixos quando contrastados com a necessidade, em resposta à quarta revolução industrial, de repensar nossos sistemas econômicos, sociais e políticos. O resultado disso é que, nacional e globalmente, o quadro institucional necessário para governar a difusão das inovações e atenuar as rupturas é, na melhor das hipóteses, inadequado e, na pior, totalmente ausente.

Em segundo lugar, o mundo carece de uma narrativa coerente, positiva e comum que descreva as oportunidades e os desafios da quarta revolução industrial, uma narrativa essencial caso queiramos empoderar um grupo diversificado de indivíduos e comunidades e evitar uma reação popular contra as mudanças fundamentais em curso.

1.2 Mudança sistemática e profunda

A premissa deste livro é que a tecnologia e a digitalização irão revolucionar tudo, fazendo com que aquela frase tão gasta e maltratada se torne verdadeira: "desta vez será diferente". Isto é, as principais inovações tecnológicas estão à beira de alimentar uma gigantesca mudança histórica em todo o mundo – inevitavelmente.

A escala e o escopo das mudanças explicam por que as rupturas e as inovações atuais são tão significativas. A velocidade da inovação em termos de desenvolvimento e ruptura está mais rápida do que nunca. Os atuais disruptores – Airbnb, Uber, Alibaba e afins – que hoje já são nomes bem familiares, eram relativamente desconhecidos há poucos anos. O onipresente iPhone foi lançado em 2007. Mas, no final de 2015, já existiam cerca de 2 bilhões de *smartphones*. Em 2010, o Google anunciou seu primeiro carro totalmente autônomo. Esses veículos podem rapidamente se tornar uma realidade comum nas ruas.

Poderíamos continuar com outros exemplos. Mas, os retornos de escala, assim como a velocidade, também são surpreendentes. Digitalização significa automação, que, por sua vez, significa que as empresas não incorrem em rendimentos decrescentes de escala (ou, no mínimo, em menos rendimentos desse tipo). Para entender o que isso significa em termos do agregado, compare Detroit em 1990 (então um grande centro de indústrias tradicionais) com o vale do silício em 2014. Em 1990, as três maiores empresas de Detroit possuíam uma capitalização de mercado combinada de US$ 36 bilhões, faturamento de US$ 250 bilhões, e 1,2 milhão de empregados. Em 2014, as três maiores empresas do vale do silício tinham uma capitalização de mercado consideravelmente mais elevada (US$ 1,09 trilhão), haviam gerado aproximadamente as mesmas receitas (US$ 247 bilhões), mas com cerca de 10 vezes menos empregados (137 mil).[3]

Hoje, é possível criar uma unidade de riqueza com muito menos trabalhadores, em comparação há 10 ou 15 anos, porque os custos marginais das empresas digitais tendem a zero. Além disso, na realidade da era digital, muitas novas empresas oferecem "bens de informação" com custos praticamente nulos de armazenamento, de transporte e de replicação. Algumas empresas disruptoras de tecnologia parecem exigir pouco capital para prosperar. Empresas como o Instagram ou o WhatsApp, por exemplo, não exigem muito financiamento para iniciar, mudando o papel do capital e a escala dos negócios no contexto da quarta revolução industrial. Em

---

3. James Manyika e Michael Chui, "Digital Era Brings Hyperscale Challenges", *The Financial Times*, 13 ago. 2014.

geral, isso mostra como os retornos de escala encorajam a maior escala e influenciam as mudanças de sistemas inteiros.

Além de velocidade e da amplitude, a quarta revolução industrial é única por causa da crescente harmonização e integração de muitas descobertas e disciplinas diferentes. As inovações tangíveis que resultam da interdependência entre tecnologias distintas não são mais ficção científica. Hoje, por exemplo, as tecnologias de fabricação digital podem interagir com o mundo biológico. Alguns *designers* e arquitetos já estão misturando o *design* computacional, a fabricação aditiva, a engenharia de materiais e a biologia sintética para criar sistemas pioneiros que envolvem a interação entre microrganismos, nossos corpos, os produtos que consumimos e até mesmo os edifícios onde moramos. Ao fazê-lo, eles estão construindo (e até mesmo "cultivando") objetos que são continuamente mutáveis e adaptáveis (as principais características dos reinos animal e vegetal).[4]

Em *The Second Machine Age*, Brynjolfsson e McAfee afirmam que os computadores estão tão hábeis que é praticamente impossível prever suas novas utilidades em alguns poucos anos no futuro. A inteligência artificial (IA) está em nosso entorno, em carros que pilotam sozinhos, *drones*, assistentes virtuais e *softwares* de tradução. Isso está transformando nossas vidas. A IA fez progressos impressionantes, impulsionada pelo aumento exponencial da capacidade de processamento e pela disponibilidade de grandes quantidades de dados, desde *softwares* usados para descobrir novos medicamentos até algoritmos que preveem nossos interesses culturais. Muitos desses algoritmos aprendem a partir das "migalhas" de dados que deixamos no mundo digital. Isso resulta em novos tipos de "aprendizagem automática" e detecção automatizada que possibilitam robôs "inteligentes" e computadores a se autoprogramar e encontrar as melhores soluções a partir de princípios iniciais.

Programas como a Siri da Apple oferecem um vislumbre da capacidade de uma subárea da IA que está em rápido avanço: os assistentes inteligentes. Os assistentes pessoais inteligentes começaram a surgir há apenas dois anos. Atualmente, o reconhecimento de voz e a inteligência artificial

---

4. A *designer* e arquitata Neri Oxman oferece um exemplo fascinante do que acabei de descrever. Seu laboratório de pesquisas funciona com o cruzamento entre desenho computacional, fabricação aditiva, engenharia de materiais e biologia sintética. Disponível em: https://www.Ted.com/Talks/neri_oxman_design_at_the_intersection_of_technology_and_biology.

progridem em uma velocidade tão rápida que falar com computadores se tornará, em breve, a norma, criando algo que os tecnólogos chamam de computação ambiental; nela, os assistentes pessoais robotizados estão sempre disponíveis para tomar notas e responder às consultas do usuário. Cada vez mais, nossos dispositivos se tornarão parte de nosso ecossistema pessoal, nos ouvindo, antecipando nossas necessidades e nos ajudando quando necessário – mesmo que não tenhamos pedido.

A desigualdade como um desafio sistêmico

A quarta revolução industrial irá gerar grandes benefícios e, em igual medida, grandes desafios. Uma preocupação particular é a desigualdade exacerbada. Os desafios colocados pelo aumento da desigualdade são difíceis de quantificar, pois, em grande maioria, somos consumidores e produtores; dessa forma, a inovação e a ruptura afetarão nossos padrões de vida e bem-estar tanto de forma positiva quanto negativa.

Parece que o consumidor será quem mais ganhará. A quarta revolução industrial tornou possível a existência de novos produtos e serviços que aumentam, sem praticamente nenhum custo, a eficiência de nossas vidas como consumidores. Pedir um táxi, encontrar um voo, comprar um produto, fazer pagamentos, ouvir música ou assistir a um filme – qualquer uma dessas tarefas pode, agora, ser realizada remotamente. Os benefícios da tecnologia para os consumidores são irrefutáveis. A internet, o *smartphone* e milhares de aplicativos estão deixando nossas vidas mais fáceis e – em geral – mais produtivas. Um dispositivo simples como um *tablet*, que usamos para ler, navegar e nos comunicar, possui a capacidade de processamento equivalente a 5 mil computadores *desktop* de 30 anos atrás, enquanto o custo de armazenamento das informações está se aproximando de zero (Armazenar 1 GB custa, em média, menos de US$ 0,03 por ano atualmente, há 20 anos o valor era US$ 10 mil).

Os desafios criados pela quarta revolução industrial parecem concentrar-se principalmente no lado da oferta – no mundo do trabalho e da produção. Durante os últimos anos, a esmagadora maioria dos países mais desenvolvidos e também algumas economias em rápido crescimento, como a China, têm passado por um declínio significativo de sua mão de obra vista como porcentagem do PIB. Metade dessa queda é em razão da queda no preço relativo dos bens de investimento,[5] sendo que esta última foi causada pelos progressos das inovações (que obriga as empresas a substituírem trabalho por capital).

Como resultado, os grandes beneficiários da quarta revolução industrial são os provedores de capital intelectual ou físico – os inovadores, os investidores e os acionistas; isso explica o fosso crescente entre a riqueza daqueles que dependem do seu trabalho e aqueles que possuem capital. Isso também é responsável pela desilusão entre tantos trabalhadores, convencidos de que não podem aumentar sua renda real durante a vida e de que seus filhos talvez não tenham uma vida melhor que a deles.

As desigualdades e as preocupações crescentes sobre as injustiças apresentam um desafio significativo e, por isso, dedicarei uma seção no Capítulo 3 somente para tratar desse tema. A concentração de vantagens e valores em apenas uma pequena porcentagem da população é também agravada pelo efeito plataforma, no qual as organizações digitais criam redes que emparelham compradores e vendedores de uma grande variedade de produtos e serviços e, assim, desfrutam de rendimentos crescentes de escala.

A consequência do efeito plataforma é uma concentração de poucas plataformas poderosas que dominam seus mercados. Os benefícios são óbvios, especialmente para os consumidores: maior valor, mais conveniência e custos mais baixos. Os riscos sociais também são evidentes. Ao evitar a concentração de poder e valor nas mãos de poucos, precisamos encontrar formas de equilibrar os benefícios e os riscos das plataformas digitais (incluindo as plataformas industriais) que garantam abertura e oportunidades às inovações colaborativas.

Todas essas mudanças que afetam nossos sistemas econômicos, sociais e políticos são fundamentais e difíceis de serem desfeitas, mesmo que o processo da própria globalização seja revertido de alguma forma. A questão para todas as indústrias e empresas, sem exceção, não é mais "Haverá ruptura em minha empresa?", mas "Quando ocorrerá a ruptura, quanto irá demorar e como ela afetará a mim e a minha organização?".

---

5. Carl Benedikt Frey e Michael Osborne, com contribuições de Citi Research, "Technology at Work – the Future of Innovation and Employment", Oxford Martin School and Citi, fev. 2015. Disponível em: https://ir.citi.com/jowGiIw%2FoLrkDA%2BldI1U%2FYUEpWP9ifowg%2F 4HmeO9kYfZ-iN3SeZwWEvPez7gYEZXmxsFM7eq1gc0%3D.

A realidade da ruptura e da inevitabilidade do impacto que ela terá sobre nós não significa que somos impotentes perante ela. Faz parte de nossa responsabilidade garantir que estabeleçamos um conjunto de valores comuns que norteiem escolhas políticas, bem como realizar as alterações que vão fazer que a quarta revolução industrial seja uma oportunidade para todos.

CAPÍTULO 2
Impulsionadores

Inúmeras organizações produziram listas, classificando as várias tecnologias que irão impulsionar a quarta revolução industrial. As descobertas científicas e as novas tecnologias que elas geram parecem ilimitadas, desdobrando-se em muitas frentes e lugares distintos. Minha seleção das principais tecnologias baseia-se na pesquisa feita pelo Fórum Econômico Mundial e no trabalho de vários Conselhos da Agenda Global do Fórum.

2.1 Megatendências

Todas as inovações e tecnologias têm uma característica em comum: elas aproveitam a capacidade de disseminação da digitalização e da tecnologia da informação. Todas as inovações descritas neste capítulo são possíveis e recebem o reforço da capacidade digital. O sequenciamento genético, por exemplo, não seria possível sem os avanços ocorridos na análise de dados e na capacidade de processamento. Da mesma forma, não existiriam robôs avançados sem a inteligência artificial, que por si só, depende em grande parte da capacidade de processamento.

Para identificar as megatendências e relatar a enorme quantidade de impulsionadores tecnológicos da quarta revolução industrial, eu organizei uma lista dividida em três categorias: a categoria física, a digital e a biológica. Todas as três estão profundamente inter-relacionadas e as tecnologias beneficiam-se umas das outras com base em descobertas e progressos realizados por cada uma delas.

2.1.1 Categoria física

Existem quatro principais manifestações físicas das megatendências tecnológicas, que são as mais fáceis de enxergarmos por causa de sua natureza tangível:

- veículos autônomos;
- impressão em 3D;
- robótica avançada;
- novos materiais.

Veículos autônomos

Atualmente, o carro sem motorista domina os noticiários, mas existem outros tipos de veículos autônomos, incluindo caminhões, *drones*, aviões e barcos. Conforme as tecnologias (os sensores e inteligência artificial, por exemplo) se desenvolvem, as capacidades de todas essas máquinas autônomas melhoram em ritmo acelerado. É só uma questão de poucos anos para que *drones* e veículos submersíveis de baixo custo e disponíveis comercialmente sejam utilizados em diferentes processos.

Conforme os *drones* se tornam capazes de sentir e responder ao seu ambiente (alterando sua rota de voo para evitar colisões), eles serão capazes de executar várias tarefas, por exemplo, a verificação de linhas de energia elétrica ou a entrega de suprimentos médicos em zonas de guerra. Na agricultura, o uso de *drones* – combinado com a análise de dados – permitirá a utilização mais precisa e eficiente de adubos e da água, por exemplo.

Impressão em 3D

Também chamada de fabricação aditiva, a impressão em 3D consiste na criação de um objeto físico por impressão, camada sobre camada, de um modelo ou desenho digital em 3D. O processo é o oposto da fabricação subtrativa, isto é, a forma como os objetos foram construídos até agora: as camadas são removidas de um bloco de material até que a forma desejada seja obtida. Por contraste, a impressão em 3D começa com um material desarticulado e, em seguida, cria um objeto em três dimensões por meio de um modelo digital.

A tecnologia possui uma ampla gama de utilizações, desde as grandes (turbinas eólicas) até as pequenas (implantes médicos). No momento, seu uso limita-se principalmente às indústrias automotivas, aeroespaciais e médicas. Ao contrário dos bens manufaturados produzidos em massa, os produtos impressos em 3D podem ser facilmente personalizados. Conforme as restrições atuais em relação a tamanho, custo e velocidade são progressivamente superadas, a impressão em 3D irá se tornar mais difundida e incluirá componentes eletrônicos integrados, tais como placas de circuito e até mesmo células e órgãos humanos. Os investigadores já estão trabalhando em 4D, um processo que criaria uma nova geração de produtos capazes de fazer modificações em si mesmos de acordo com as mudanças ambientais, como calor e umidade. Essa tecnologia poderia ser usada nas roupas ou nos sapatos, bem como em produtos relacionados à saúde, por exemplo, implantes projetados para se adaptarem ao corpo humano.

Robótica avançada

Até recentemente, o uso de robôs estava confinado às tarefas rigidamente controladas de indústrias específicas; a automotiva, por exemplo. Hoje, no entanto, os robôs são cada vez mais utilizados em todos os setores e para uma ampla gama de tarefas, seja na agricultura de precisão, seja na enfermagem. Em breve, o rápido progresso da robótica irá transformar a colaboração entre seres humanos e máquinas em uma realidade cotidiana. Além disso, por causa de outros avanços tecnológicos, os robôs estão se tornando mais adaptáveis e flexíveis, pois a concepção estrutural e funcional deles passou a ser inspirada por estruturas biológicas complexas (uma extensão de um processo chamado biomimetismo, pelo qual imitam-se os padrões e as estratégias da natureza). Os avanços dos sensores capacitam os robôs a compreender e responder melhor ao seu ambiente e empenhar-se em tarefas variadas; por exemplo, as tarefas domésticas. Ao contrário do passado, quando eles precisavam ser programados por uma unidade autônoma, os robôs podem agora acessar informações remotas através da nuvem e assim se conectar a uma rede de outros robôs. Quando a próxima geração de robôs surgir, eles provavelmente irão ser o reflexo de uma crescente ênfase na colaboração entre humanos e máquinas. No Capítulo 3, irei explorar as questões éticas e psicológicas das relações entre humanos e máquinas.

Novos materiais

Com características que pareciam inimagináveis há alguns anos, os novos materiais estão chegando ao mercado. Em geral, eles são mais leves, mais fortes, recicláveis e adaptáveis. Agora existem aplicações para materiais inteligentes com autorreparação ou autolimpeza, metais com memória que retomam suas formas originais, cerâmicas e cristais que transformam pressão em energia e assim por diante.

De maneira semelhante a muitas inovações da quarta revolução industrial, é difícil saber para onde os avanços em novos materiais nos levarão. Por exemplo, os modernos nanomateriais como o grafeno, que é cerca de 200 vezes mais forte que o aço, milhões de vezes mais fino que um cabelo humano e um eficiente condutor de calor e eletricidade.[6] Quando o grafeno se tornar financeiramente competitivo (grama a grama, ele é um dos materiais mais caros do mundo; um grão de 1 micrômetro custa mais de US$ 1.000), poderá causar rupturas nas indústrias de fabricação e infraestrutura.[7] Poderá, também, afetar profundamente os países que dependem fortemente de determinada mercadoria.

Outros novos materiais poderão desempenhar um papel importante na mitigação dos riscos globais que enfrentamos. As inovações em plásticos termofixos, por exemplo, podem transformar em materiais reutilizáveis aqueles que eram considerados quase impossíveis de serem reciclados, mas são usados em tudo, desde telefones celulares e placas de circuito até peças para a indústria aeroespacial. A descoberta recente de novas classes de polímeros termofixos recicláveis, chamados polihexahidrotriazinas (PHTs), é um passo importante para a economia circular, a qual é regenerativa por princípio e trabalha por meio da dissociação das necessidades de crescimento e de recursos.[8]

2.1.2 Categoria digital

Uma das principais pontes entre as aplicações físicas e digitais, originadas pela quarta revolução industrial, é a internet das coisas (IoT) – às vezes chamada de "a internet de todas as coisas". Em sua forma mais simples, ela pode ser descrita como a relação entre as coisas (produtos, serviços, lugares etc.) e as pessoas que se torna possível por meio de diversas plataformas e tecnologias conectadas.

---

6. David Isaiah, "Automotive Grade Graphene: the Clock is Ticking", *Automotive World*, 26 ago. 2015. Disponível em: http://www.automotiveworld.com/analysis/automotive-grade-graphene-clock-ticking/.
7. Sarah Laskow, "The Strongest, Most Expensive Material on Earth", *The Atlantic*. Disponível em: http://www.theatlantic.com/technology/archive/2014/09/the-strongest-most-expensive-material-on-earth/380601/.
8. Algumas dessas tecnologias são descritas com mais detalhes em: Bernard Meyerson, "Top 10 Technologies of 2015", Meta-Council on Emerging Technologies, World Economic Forum, 4 mar. 2015. Disponível em: https://agenda.weforum.org/2015/03/top-10-emerging-technologies-of-2015-2/.

Os sensores e vários outros meios de conectar as coisas do mundo físico às redes virtuais estão se proliferando em um ritmo impressionante. Sensores menores, mais baratos e inteligentes estão sendo instalados em casas, roupas e acessórios, cidades, redes de transportes e energia, bem como nos processos de fabricação. Hoje, existem bilhões de dispositivos em todo o mundo, como *smartphones*, *tablets* e computadores conectados à internet. Espera-se que o número desses dispositivos aumente dramaticamente nos próximos anos; as estimativas variam entre vários bilhões e mais de 1 trilhão. Isso alterará radicalmente a maneira que gerenciamos as cadeias de fornecimento, pois permitirá que monitoremos e otimizemos os ativos e as atividades de forma bastante granular. Durante esse processo, todos os setores – desde a fabricação e infraestrutura até o de saúde – receberão impactos transformadores.

Pense no monitoramento remoto – uma aplicação generalizada da IoT. Qualquer pacote, palete ou contêiner agora pode receber um sensor, transmissor ou identificação por radiofrequência (RFID, na sigla em inglês), permitindo que as empresas rastreiem onde estão e como são movimentados seus objetos em toda a cadeia de fornecimento – qual seu desempenho, como está sendo usado etc. Da mesma forma, os clientes podem acompanhar de maneira contínua (praticamente em tempo real) o andamento do pacote ou do documento que está em trânsito. Isso é algo transformador para as empresas cujos negócios tratam da operação de longas e complexas cadeias de fornecimento. Num futuro próximo, sistemas de monitoramento semelhantes também serão aplicados à circulação e ao rastreamento de pessoas.

A revolução digital está criando abordagens radicalmente novas que revolucionarão o envolvimento e a colaboração entre indivíduos e instituições. Por exemplo, o *blockchain*, muitas vezes descrito como um "livro-razão distribuído", é um protocolo seguro no qual uma rede de computadores verifica de forma coletiva uma transação antes de registrá-la e aprová-la. A tecnologia que sustenta o *blockchain* cria confiança, permitindo que pessoas que não o conheçam (e, portanto, não têm nenhuma base subjacente de confiança) colaborem sem ter de passar por uma autoridade central neutra – ou seja, um depositário ou livro contábil central. Em essência, o *blockchain* é um livro contábil compartilhado, programável, criptograficamente seguro e, portanto, confiável; ele não é controlado por nenhum usuário único, mas pode ser inspecionado por todos.

O *Bitcoin* é o *blockchain* mais conhecido neste momento, mas essa tecnologia logo dará origem a inúmeros outros. Se, agora, a tecnologia do *blockchain* registra transações financeiras feitas com moedas digitais (o *Bitcoin*, por exemplo), futuramente ele servirá para registrar coisas bem diferentes, como nascimentos e óbitos, títulos de propriedade, certidões de casamento, diplomas escolares, pedidos às seguradoras, procedimentos médicos e votos – essencialmente, quaisquer tipos de transação que podem ser transformadas em código. Alguns países ou instituições já estão investigando o potencial do *blockchain*. O governo de Honduras, por exemplo, está usando a tecnologia para lidar com títulos de terra e a Ilha de Man está testando seu uso para o registro de empresas.

Em uma escala mais ampla, as plataformas tecnológicas tornam possível aquilo que hoje chamamos de economia sob demanda (chamada por alguns de economia compartilhada). Essas plataformas, fáceis de usar em um *smartphone*, reúnem pessoas, ativos e dados, criando formas inteiramente novas de consumir bens e serviços. Elas derrubam barreiras para que empresas e indivíduos criem riqueza, alterando ambientes pessoais e profissionais.

O modelo da empresa Uber simboliza o poder de ruptura dessas plataformas tecnológicas. Essas empresas de plataforma multiplicam-se rapidamente, oferecendo novos serviços que vão desde a lavagem de roupas até compras, de tarefas domésticas a estacionamentos, de casas para estada ao compartilhamento de transporte de longa distância. Todas elas têm uma coisa em comum: semeiam a confiança, pois emparelham oferta e demanda de uma forma bastante acessível (baixo custo), oferecem diversas mercadorias aos consumidores e permitem que ambas as partes interajam e ofereçam *feedback*. Isso permite o uso eficaz de ativos subutilizados – ou seja, aqueles pertencentes a pessoas que anteriormente nunca haviam se visto como fornecedores (ou seja, fornecedores de um lugar em seu carro, de um quarto em sua casa, de uma intermediação comercial entre um varejista e um fabricante, ou do tempo e habilidade para oferecer um serviço de entrega, de reparo doméstico ou de tarefas administrativas).

A economia sob demanda gera uma questão fundamental: O que vale a pena possuir – a plataforma ou o ativo subjacente? Em março de 2015, o estrategista de mídia Tom Goodwin escreveu em um artigo para o *TechCrunch*: "O Uber, a maior empresa de táxis do mundo, não possui sequer um veículo. O Facebook, o proprietário de mídia mais popular do mundo, não cria nenhum conteúdo. Alibaba, o varejista mais valioso, não possui estoques. E o Airbnb, o maior provedor de hospedagem do mundo, não possui sequer um imóvel."[9].

As plataformas digitais reduziram drasticamente os custos de transação e fricção incorridos sempre que indivíduos ou organizações compartilham o uso de um ativo ou oferecem um serviço. Cada transação pode agora ser dividida em incrementos muito pequenos, com ganhos econômicos para todas as partes envolvidas. Além disso, ao usar as plataformas digitais, o custo marginal de produção de cada produto adicional, bem ou serviço tende a zero. Isso tem implicações dramáticas para as empresas e para sociedade, as quais serão exploradas no Capítulo 3.

2.1.3 Biológica

As inovações no campo da biologia – e, em particular, na genética – são de tirar o fôlego. Nos últimos anos, foram realizados consideráveis progressos na redução dos custos e aumento da facilidade do sequenciamento genético e, ultimamente, na ativação ou edição de genes. Demorou mais de dez anos, a um custo de US$ 2,7 bilhões, para que o projeto do genoma humano fosse completado. Hoje, um genoma pode ser sequenciado em poucas horas e por menos de mil dólares.[10] Os avanços da capacidade de processamento permitiram que os cientistas não precisem mais trabalhar com tentativa e erro; em vez disso, eles testam como variações genéticas específicas geram doenças e características particulares.

O próximo passo é a biologia sintética. Ela oferecerá a capacidade de criar organismos personalizados, escrevendo o DNA deles. Deixando de lado as profundas questões éticas que isso levanta, esses avanços não só causarão um impacto profundo e imediato na medicina, mas também na agricultura e na produção de biocombustíveis.

Entre os nossos problemas de saúde intratáveis, desde as doenças cardíacas até o câncer, muitos têm um componente genético. Por causa disso,

---

9. Tom Goodwin, "In the Age of Disintermediation the Battle is all for the Consumer Interface", *TechCrunch*, mar. 2015. Disponível em: http://techcrunch.com/2015/03/03/in-the-age-of-disintermediation-the-battle-is-all-for-the-customer-interface/.
10. K. A. Wetterstrand, "DNA Sequencing Costs: Data from the NHGRI Genome Sequencing Program (GSP)", National Human Genome Research Institute, 2 out. 2015. Disponível em: http://www.genome.gov/sequencingcosts/.

a capacidade de determinar nossa constituição genética individual de forma eficiente e econômica (por meio de máquinas utilizadas em diagnósticos rotineiros de sequenciamento) irá revolucionar os cuidados de saúde, tornando-os personalizados e eficazes. Informados pela constituição genética de um tumor, os médicos poderão decidir o melhor tratamento para o câncer de um paciente.

Enquanto nossa compreensão das ligações entre os marcadores genéticos e as doenças ainda é pequena, o aumento da quantidade de dados irá possibilitar uma medicina de precisão, permitindo o desenvolvimento de terapias altamente segmentadas para melhorar os resultados dos tratamentos. No momento, Watson, o supercomputador da IBM, já consegue ajudar a recomendar, em poucos minutos, tratamentos personalizados para pacientes com câncer, comparando os históricos da doença e dos tratamentos, exames e dados genéticos com um universo (quase) completo de conhecimentos médicos atualizados.[11]

A edição biológica pode ser aplicada a praticamente quaisquer tipos de células, permitindo a criação de plantas ou animais geneticamente modificados, bem como modificar as células de organismos adultos, incluindo as células de seres humanos. Isso difere da engenharia genética praticada na década de 1980, pois é muito mais precisa, eficiente e fácil de usar do que os métodos anteriores. Na verdade, a ciência avança tão rápido que, no momento, as limitações são mais jurídicas, regulamentares e éticas que técnicas. A lista das possíveis aplicações é virtualmente interminável – que vão desde a capacidade de modificar os animais para que eles possam ser criados com um regime alimentar mais econômico ou mais bem adaptado às condições locais até a criação de plantações capazes de resistir a temperaturas extremas ou secas.

Conforme as investigações da engenharia genética progridem (por exemplo, o desenvolvimento do método CRISPR/Cas9 de edição e terapia genética), as restrições relativas ao método de implementação e especificidades serão ultrapassadas, deixando-nos com uma questão imediata e mais desafiadora, especialmente do ponto de vista ético: Como a edição genética revolucionará a pesquisa e o tratamento médico? Em princípio,

---

11. Ariana Eunjung Cha, "Watson's Next Feat? Taking on Cancer", *The Washington Post*, 27 jun. 2015. Disponível em: http://www.washingtonpost.com/sf/national/2015/06/27/watsons-next-feat-taking-on-cancer/.

animais e plantas poderiam ser projetados para produzir produtos farmacêuticos e outras formas de tratamento. Não estamos longe do dia em que vacas serão projetadas para produzir em seu leite o elemento de coagulação do sangue que falta aos hemofílicos. Os pesquisadores já começaram a reescrever os genomas dos porcos para que tenham órgãos adequados para o transplante humano (um processo chamado xenotransplante, o qual não havia sido concebido até agora em virtude do risco de rejeição imunológica pelo corpo humano e da transmissão das doenças dos animais para os seres humanos).

Em conformidade com uma afirmação feita anteriormente de que a união de diferentes tecnologias faz que elas se enriqueçam mutuamente, a fabricação em 3D será aliada à edição de genes para produzir tecidos vivos, reparação e regeneração dos tecidos – um processo chamado bioimpressão tridimensional. A técnica já foi utilizada para criar pele, osso, coração e tecido vascular. Em algum momento, camadas impressas de células do fígado serão usadas para criar órgãos transplantáveis.

Estamos desenvolvendo novas maneiras de incorporar e empregar dispositivos que monitoram nossos níveis de atividade, nossa composição sanguínea e relacionar tudo isso à produtividade, à saúde mental e ao bem-estar em casa e no trabalho. Também estamos aprendendo muito mais sobre o funcionamento do cérebro humano e vendo progressos empolgantes no campo da neurotecnologia. Isso é enfatizado pelo fato de que – ao longo dos últimos anos – entre os programas de pesquisa que receberam os maiores financiamentos no mundo, dois deles fazem parte da neurociência.

Acredito que os maiores desafios em relação ao desenvolvimento de normas sociais e regulamentações adequadas estão no domínio biológico. Teremos de lidar com novas questões em torno do significado de sermos seres humanos, sobre quais dados e informações a respeito de nossos corpos e saúde podem ou devem ser compartilhados com os outros e sobre os direitos e responsabilidades que temos quando se trata de mudar o código genético das gerações futuras.

Retornemos à questão da edição genética, pois agora é muito mais fácil manipular com precisão o genoma humano de embriões viáveis e isso significa que poderemos presenciar, no futuro, o advento de bebês projetados com características particulares, ou resistentes a uma doença específica. Será escusado dizer que já existem discussões sobre as oportunidades e os desafios dessas capacidades. Em dezembro de 2015, a Academia Nacional de Ciências e a Academia Nacional de Medicina dos EUA, a Academia Chinesa de Ciências e a Sociedade Real do Reino Unido convocaram uma Cúpula Internacional sobre Edição Genética Humana. Apesar de tais deliberações, ainda não estamos preparados para enfrentar as realidades e as consequências das últimas técnicas genéticas, mesmo que elas já estejam a caminho. Os desafios sociais, médicos, éticos e psicológicos que representam são consideráveis e precisam ser resolvidos, ou no mínimo, devidamente abordados.

A dinâmica da descoberta

Inovar é um processo social complexo e não algo que devamos aceitar como inevitável. Portanto, mesmo que esta seção tenha destacado uma ampla gama de avanços tecnológicos com a capacidade de mudar o mundo, é importante darmos atenção sobre como garantir que esses avanços continuem a ser realizados e sejam orientados para os melhores resultados possíveis.

As instituições acadêmicas costumam ser consideradas como um dos locais mais importantes para as ideias pioneiras. No entanto, novas evidências indicam que, atualmente nas universidades, os incentivos à carreira e as condições de financiamento favorecem mais as pesquisas incrementais e conservadoras que os programas ousados e inovadores.[12]

Um antídoto contra o conservadorismo das pesquisas do meio acadêmico é incentivar formas mais comerciais de investigação. Mas esta última também possui seus desafios. Em 2015, a Uber Technologies Inc. contratou 40 pesquisadores e cientistas da área de robótica da Universidade Carnegie Mellon, uma porcentagem significativa do capital humano de um laboratório que gerou impactos à capacidade de suas pesquisas e colocou os contratos da Universidade com o Departamento de Defesa dos Estados Unidos e outras organizações em risco.[13]

Para fomentar as pesquisas pioneiras de base e as adaptações técnicas inovadoras nas universidades e nas empresas, os governos devem alocar

---

12. Jacob G. Foster, Andrey Rzhetsky e James A. Evans, "Tradition and Innovation in Scientists' Research Strategies", *American Sociological Review*, 80, p. 875-908, out. 2015. Disponível em: http://www.knowledgelab.org/docs/1302.6906.pdf.
13. Mike Ramsay e Douglas Cacmillan, "Carnegie Mellon Reels After Uber Lures Away Researchers", *Wall Street Journal*, 31 maio de 2015. Disponível em: http://www.wsj.com/articles/is-uber-a-friend-or-foe-of-carnegie-mellon-in-robotics-1433084582.

financiamentos mais agressivos em programas de pesquisas ambiciosos. Igualmente, a colaboração investigativa público-privada deve estar cada vez mais voltada à construção do conhecimento e do capital humano para o benefício de todos.

2.2 Pontos de inflexão

Quando essas megatendências são discutidas em termos gerais, elas parecem bastante abstratas. No entanto, estão dando origem a projetos e aplicações bem realistas.

Um relatório do Fórum Econômico Mundial publicado em setembro de 2015 identificou 21 pontos de inflexão – momentos em que certas mudanças tecnológicas específicas chegaram à sociedade – que irão moldar um futuro hiperconectado e digital.[14] Espera-se que ocorram nos próximos dez anos e, portanto, captem vivamente as mudanças profundas desencadeadas pela quarta revolução industrial. Os pontos de inflexão foram identificados por meio de uma pesquisa realizada pelo Conselho da Agenda Global do Fórum Econômico Mundial a respeito do Futuro do *Software* e da Sociedade, em que participaram mais de 800 executivos e especialistas do setor de tecnologia da informação e comunicações.

A Tabela 1 (ver p. 34) mostra a porcentagem dos entrevistados que esperam ver a ocorrência de um ponto de inflexão específico até 2025.[15] No apêndice, apresento cada um dos pontos de inflexão e seus impactos positivos e negativos de forma mais detalhada. Foram incluídos dois pontos de inflexão que não fizeram parte da pesquisa original – seres projetados e neurotecnologias – mas não aparecem na Tabela 1.

Os pontos de inflexão oferecem um contexto importante, pois sinalizam a aproximação de alterações significativas – amplificadas por sua natureza sistêmica – e indicam a melhor forma de estarmos preparados e respondermos a elas. Conforme será explorado no próximo capítulo, para navegarmos por essa transição, precisamos estar cientes das mudanças – em curso e futuras –, bem como dos impactos que elas causaram em todos os níveis da sociedade global.

---

14. Fórum Econômico Mundial, *Deep Shift – Technology Tipping Points and Societal Impact, Global Agenda Council on the Future of Software and Society*, set. 2015.
15. Para obter mais detalhes sobre a metodologia de pesquisa, consulte as páginas 4 e 39 do relatório referido na nota anterior.

Tabela 1
Pontos de inflexão esperados até 2025

10% das pessoas com roupas conectadas à internet	91,2%
90% das pessoas com armazenamento ilimitado e gratuito (financiado por propagandas publicitárias)	91,0%
1 trilhão de sensores conectados à internet	89,2%
O primeiro farmacêutico robótico dos EUA	86,5%
10% de óculos de leitura conectados à internet	85,5%
80% das pessoas com presença digital na internet	84,4%
Produção do primeiro carro impresso em 3D	84,1%
O primeiro governo a substituir o censo por fontes de *big-data*	82,9%
O primeiro telefone celular implantável e disponível comercialmente	81,7%
5% dos produtos aos consumidores impressos em 3D	81,1%
90% da população com *smartphones*	80,7%
90% da população com acesso regular à internet	78,8%
Carros sem motoristas chegarão a 10% de todos os automóveis em uso nos EUA	78,2%
O primeiro transplante de um fígado impresso em 3D	76,4%
30% das auditorias corporativas realizadas por IA	75,4%
Primeira arrecadação de impostos através de um *blockchain*	73,1%
Mais de 50% do tráfego da internet voltado para os utilitários e dispositivos domésticos	69,9%
Globalmente, mais viagens/trajetos por meio da partilha do que em carros particulares	67,2%
A primeira cidade sem semáforos com mais de 50.000 pessoas	63,7%
10% do produto interno bruto mundial armazenado pela tecnologia *blockchain*	57,9%
A primeira máquina de IA de um conselho de administração	45,2%

Fonte: *Deep Shift – Technology Tipping Points and Societal Impact,* Global Agenda Council on the Future of Software and Society, Fórum Econômico Mundial, set. 2015.

CAPÍTULO 3
Impactos

A escala e a amplitude da atual revolução tecnológica irão desdobrar-se em mudanças econômicas, sociais e culturais de proporções tão fenomenais que chega a ser quase impossível prevê-las. No entanto, este capítulo descreve e analisa o impacto potencial da quarta revolução industrial na economia, nos negócios, nos governos e países, na sociedade e nos indivíduos. Em todas essas áreas, um dos maiores impactos surgirá a partir de uma única força: o empoderamento – como os governos se relacionam com os seus cidadãos; como as empresas se relacionam com seus empregados, acionistas e clientes; ou como as superpotências se relacionam com os países menores. A ruptura que a quarta revolução industrial causará aos atuais modelos políticos, econômicos e sociais exigirá que os atores capacitados reconheçam que eles são parte de um sistema de poderes distribuídos que requer formas mais colaborativas de interação para que possa prosperar.

3.1 Economia

A quarta revolução industrial terá um impacto monumental na economia global; será tão vasto e multifacetado que fica difícil separar determinado efeito do outro. De fato, todas as grandes macrovariáveis imagináveis – PIB, investimento, consumo, emprego, comércio, inflação e assim por diante – serão afetadas. Decidi focar apenas as duas dimensões mais cruciais: o crescimento (em grande parte através da lente de seu determinante de longo prazo, a produtividade) e o emprego.

3.1.1 Crescimento

O impacto da quarta revolução industrial sobre o crescimento econômico é um assunto que divide os economistas. Um dos lados, o dos tecnopessimistas, argumenta que as contribuições cruciais da revolução digital já foram realizadas e que seu impacto sobre a produtividade está quase acabando. Já o lado oposto, o dos tecno-otimistas, afirma que tecnologia e inovação estão em um ponto de inflexão e, em breve, irão desencadear um aumento na produtividade e maior crescimento econômico.

De minha parte, reconheço aspectos de ambos os lados do argumento, continuo um otimista pragmático. Estou bem ciente do potencial impacto deflacionário da tecnologia (mesmo quando definido como "deflação boa") e de como alguns dos seus efeitos distributivos podem favorecer o capital sobre o trabalho e também espremer os salários (e, portanto, o consumo). Também consigo enxergar que a quarta revolução industrial permite que muitas pessoas consumam mais por um preço menor e de uma forma que, muitas vezes, torna o consumo mais sustentável e, portanto, responsável.

É importante contextualizar os impactos potenciais da quarta revolução industrial no crescimento em relação a recentes tendências econômicas e a outros fatores que contribuem para o crescimento. Alguns anos antes da crise econômica e financeira iniciada em 2008, a economia mundial estava crescendo cerca de 5% ao ano. Caso tivesse continuado nesse ritmo, o PIB mundial dobraria a cada 14-15 anos e bilhões de pessoas seriam tiradas da pobreza.

No rescaldo da Grande Recessão, esperava-se que a economia global voltasse a seu padrão de crescimento anterior. Mas isso não aconteceu. A economia global parece estar presa a uma taxa de crescimento mais baixa do que a média do pós-guerra – cerca de 3%-3,5% ao ano.

Alguns economistas têm levantado a possibilidade de uma "queda centenária" e falam da "estagnação secular", uma expressão cunhada durante a Grande Depressão por Alvin Hansen e trazida de volta à vida pelos economistas Larry Summers e Paul Krugman. A "estagnação secular" descreve uma situação de escassez persistente de demanda, que não pode ser derrotada, nem mesmo com taxas de juros próximas de zero. Embora essa ideia seja controversa no meio acadêmico, ela possui implicações importantes. Se for verdadeira, sugere que o crescimento do PIB mundial irá diminuir ainda mais. Podemos imaginar um cenário extremo, em que o crescimento do PIB mundial anual caia para 2%, o que significaria que levaríamos 36 anos para dobrar o PIB mundial.

Há muitas explicações para o lento crescimento mundial de hoje: a má alocação do capital, o endividamento, as alterações demográficas etc. Vou abordar duas delas, o envelhecimento e a produtividade, pois ambos estão particularmente entrelaçados com o progresso tecnológico.

Envelhecimento

Prevê-se que a população mundial, hoje em 7,2 bilhões de pessoas, irá aumentar para 8 bilhões até 2030 e 9 bilhões em 2050. Isso deve levar a um aumento da demanda agregada. Mas há outra tendência demográfica poderosa: o envelhecimento. A sabedoria convencional diz que o envelhecimento afeta principalmente os países ricos do ocidente. Esse não é o caso, no entanto. As taxas de natalidade estão caindo para um valor abaixo dos níveis de substituição em muitas regiões do mundo – não só na Europa, onde o declínio já começou, mas também na maior parte da América do Sul e do Caribe, na Ásia, incluindo a China e o sul da Índia e até mesmo em alguns países do Oriente Médio e do norte da África, como o Líbano, Marrocos e Irã.

O envelhecimento constitui um desafio econômico, porque a menos que a idade da aposentadoria seja drasticamente aumentada para que os membros mais velhos da sociedade possam continuar a contribuir para a força de trabalho (um imperativo econômico que tem muitos benefícios econômicos), a população em idade ativa cairá ao mesmo tempo que aumentará a porcentagem de pessoas idosas dependentes. Conforme a população envelhece e há menos jovens adultos, as compras de itens caros, como casas, móveis, carros e equipamentos, diminuem. Além disso, menos pessoas estão propensas a correr riscos empresariais, porque os trabalhadores mais velhos, em vez de criar novos negócios, tendem a preservar os ativos necessários para terem uma aposentadoria confortável. Isso é, de certa forma, equilibrado por pessoas que se aposentam e sacam suas economias acumuladas que, no agregado, diminui o valor das poupanças e das taxas de investimento.

Estes hábitos e padrões podem, naturalmente, mudar conforme as sociedades em envelhecimento se adaptam, mas a tendência geral é que um mundo em envelhecimento está destinado a crescer mais lentamente, a menos que a revolução da tecnologia acione um grande crescimento da produtividade, definida simplesmente como a capacidade de trabalhar de forma mais inteligente e não mais intensamente.

A quarta revolução industrial nos oferece a possibilidade de uma vida mais longa, mais saudável e mais ativa. Tendo em vista vivermos em uma sociedade na qual se espera que mais de um quarto das crianças nascidas hoje nas economias avançadas viva até os 100 anos, teremos de repensar certas questões: idade ativa da população, aposentadoria e planejamento individual de vida.[16] A dificuldade que muitos países têm para discutir essas questões é apenas um novo sinal de que não estamos adequada e proativamente preparados para reconhecer as forças das mudanças.

Produtividade

Na última década, a produtividade em todo o mundo (medida como a produtividade do trabalho ou a produtividade total dos fatores – PTF) manteve-se lenta, apesar do crescimento exponencial do progresso tecnológico e dos investimentos em inovações.[17] Esta encarnação mais recente do paradoxo da produtividade – o alegado fracasso da inovação tecnológica em conseguir níveis mais elevados de produtividade – é um dos maiores enigmas econômicos atuais que antecede o início da Grande Recessão, e para o qual não há uma explicação satisfatória.

Veja o exemplo dos EUA, onde a produtividade do trabalho cresceu em média 2,8% entre 1947 e 1983, e 2,6% entre 2000 e 2007, mas apenas 1,3% entre 2007 e 2014.[18] Essa queda deve-se em grande parte aos níveis mais baixos da PTF, a medida mais comumente associada com a contribuição da eficiência decorrente da tecnologia e da inovação. O Serviço de Estatísticas do Trabalho (*Bureau of Labour Statistics*) dos EUA indica que o crescimento do PTF entre 2007 e 2014 foi apenas de 0,5%, uma queda significativa quando comparado com o crescimento anual de 1,4% ocorrido no período entre 1995 e 2007.[19] Essa queda na produtividade medida

---

16. UK Office of National Statistics, "Surviving to Age 100", 11 dez. 2013. Disponível em: http://www.ons.gov.uk/ons/rel/lifetables/historic-and-projected-data-from-the-period-and-cohort-life-tables/2012-based/info-surviving-to-age-100.html.
17. The Conference Board, *Productivity Brief 2015*, 2015. De acordo com dados compilados pelo *The Conference Board*, o crescimento da produtividade do trabalho global do período 1996-2006 obteve a média de 2,6%, em comparação com os 2,1% de 2013 e 2014. Disponível em: https://www.Conference-Board.org/retrievefile.cfm?filename=The-Conference-Board-2015-Productivity-Brief.pdf&Type=subsite.
18. "Productivity Change in the Nonfarm Business Sector, 1947-2014", do Departamento de Estatísticas do Trabalho, Departamento do Trabalho dos Estados Unidos. Disponível em: http://www.bls.gov/lpc/prodybar.htm.
19. "Preliminary Multifactor Productivity Trends, 2014", Departamento de Estatísticas do Trabalho do Departamento do Trabalho dos Estados Unidos, 23 jun. 2015. Disponível em: http://www.bls.gov/news.release/prod3.nr0.htm.

é particularmente preocupante, pois ela ocorreu no momento em que as 50 maiores empresas americanas acumulavam patrimônio em dinheiro de mais de US$ 1 trilhão, apesar de as taxas de juros reais terem oscilado em torno de zero por quase cinco anos.[20]

A produtividade é o determinante mais importante para o crescimento de longo prazo e padrões de vida crescentes; sua ausência, se mantida durante toda a quarta revolução industrial, significa que teremos menos destes dois últimos. Contudo, como podemos conciliar os dados que indicam o declínio da produtividade com as expectativas de maior produtividade que tendem a ser associadas com a evolução exponencial da tecnologia e da inovação?

Um argumento principal enfoca no desafio da mensuração de entradas e saídas e, assim, da identificação da produtividade. Produtos e serviços inovadores criados na quarta revolução industrial possuem, de forma significativa, maior funcionalidade e qualidade, mas são entregues a mercados que são fundamentalmente diferentes daqueles que estamos tradicionalmente acostumados a mensurar. Muitos dos novos produtos e serviços são "não rivais", possuem custos marginais zero e/ou canalizam mercados altamente competitivos através de plataformas digitais; isso tudo resulta em preços mais baixos. Nessas condições, as nossas estatísticas tradicionais talvez não consigam capturar os aumentos reais em termos de valores, pois o excedente do consumidor ainda não foi traduzido em vendas realizadas ou lucros mais elevados.

Hal Varian, economista-chefe do Google, aponta vários exemplos: o aumento da eficiência por podermos chamar um táxi por um aplicativo do telefone celular ou podermos alugar um carro por meio do poder da economia sob demanda. Existem muitos outros serviços semelhantes, cuja utilização tende a aumentar a eficiência e a produtividade. Contudo, por serem essencialmente gratuitos, eles oferecem valores não contabilizados em casa e no trabalho. Isso cria uma discrepância entre o valor entregue por determinado serviço e o crescimento medido pelas estatísticas nacionais.

---

20. OECD, "The Future of Productivity", jun. 2015. Disponível em: http://www.oecd.org/eco/growth/The-future-of-productivity-policy-note-July-2015.pdf. Uma breve discussão sobre a desaceleração da produtividade dos Estados Unidos pode ser encontrada em: John Fernald e Bing Wang, "The Recent Rise and Fall of Rapid Productivity Growth", Federal Reserve Bank of San Francisco, 9 fev. 2015. Disponível em: http://www.frbsf.org/economic-research/publications/economic-letter/2015/february/economic-growth-information-technology-factor-productivity/.

Isso também sugere que estamos realmente produzindo e consumindo de forma mais eficiente do que nos informam os indicadores econômicos.[21]

Há outro argumento: enquanto os ganhos de produtividade gerados pela terceira revolução industrial podem estar realmente desaparecendo, o mundo ainda não passou pela experiência da explosão de produtividade criada pela onda de novas tecnologias que estão sendo produzidas no centro da quarta revolução industrial.

Com efeito, sou um otimista pragmático e, assim, sinto fortemente que só agora estamos começando a sentir os impactos positivos que a quarta revolução industrial pode causar no mundo. Meu otimismo decorre de três fontes principais.

Em primeiro lugar, a quarta revolução industrial oferece a oportunidade de integrar à economia global as necessidades não satisfeitas de 2 bilhões de pessoas, criando demandas adicionais para serviços e produtos existentes ao capacitar e conectar, umas com as outras, as pessoas e comunidades de todo o mundo.

Em segundo lugar, a quarta revolução industrial permitirá aumentar significativamente nossa capacidade para resolver as externalidades negativas, e durante esse processo, aumentar o potencial de crescimento econômico. Tomemos como exemplo as emissões de carbono, uma grande externalidade negativa. Até recentemente, o investimento verde só era atraente quando fortemente subsidiado pelos governos. Esse é cada vez menos o caso. Os rápidos avanços tecnológicos em energias renováveis, eficiência dos combustíveis e do armazenamento de energia fazem que os investimentos nestes domínios se tornem cada vez mais rentáveis, impulsionando o crescimento do PIB e, além disso, também contribuem para mitigar as mudanças climáticas, um dos principais desafios globais da atualidade.

Em terceiro lugar, conforme discutirei na próxima seção, todas as empresas, os governos e os líderes da sociedade civil com quem me relaciono me dizem que estão se esforçando para transformar suas organizações para que elas possam cumprir plenamente as eficiências oferecidas pelos recursos digitais. Ainda estamos no início da quarta revolução industrial;

---

21. O economista Brad DeLong lança o argumento em: J. Bradford DeLong, "Making Do With More", Project Syndicate, 26 fev. 2015. Disponível em: http://www.project-syndicate.org/commentary/abundance-without-living-standards-growth-by-j--bradford-delong-2015-02.

mas ela exigirá a completa reformulação das estruturas econômicas e organizacionais para que possamos compreender todo o seu valor.

Na verdade, acredito que as regras de competitividade econômica da quarta revolução industrial são diferentes das regras dos períodos anteriores. Para se manterem competitivas, as empresas e os países devem estar na fronteira da inovação em todas as suas formas, o que significa que as estratégias que incidem principalmente na redução de custos serão menos eficazes do que aquelas que se baseiam na oferta de produtos e serviços de maneira mais inovadora. Tal qual vemos hoje, as empresas estabelecidas estão sob extrema pressão de inovadores e disruptores de outras indústrias e países emergentes. O mesmo pode ser dito sobre os países que não reconhecem a necessidade da construção de seus próprios ecossistemas de inovação.

Em resumo, acredito que a combinação de fatores estruturais (excesso de endividamento e envelhecimento das sociedades) e sistêmicos (a introdução da plataforma e das economias sob demanda, a crescente relevância da diminuição dos custos marginais etc.) nos forçou a reescrever nossos livros de economia. A quarta revolução industrial tem o potencial para aumentar o crescimento econômico e para aliviar um pouco alguns dos maiores desafios mundiais que enfrentamos de forma coletiva. Precisamos, no entanto, também reconhecer e gerir os impactos negativos que ela pode trazer em relação à desigualdade, ao emprego e ao mercado de trabalho.

3.1.2 Emprego

Apesar do potencial impacto positivo da tecnologia no crescimento econômico, é essencial, contudo, abordar o seu possível impacto negativo, pelo menos a curto prazo, no mercado de trabalho. Os temores dos impactos da tecnologia sobre os empregos não são novos. Em 1931, o economista John Maynard Keynes alertou sobre a difusão do desemprego, "pois nossa descoberta dos meios de economizar o uso de trabalho ultrapassa o ritmo no qual podemos encontrar novos usos para o trabalho"[22]. Provou-se que isso estava errado, mas e se isso mostrar-se verdadeiro dessa vez? Durante os últimos anos, reacendeu-se o debate, pois os computadores estavam substituindo vários empregos, a saber, guarda-livros, caixas e operadores de telefone.

---
22. John Maynard Keynes, "Economic Possibilities for our Grandchildren", *Essays in Persuasion*, Harcourt Brace, 1931.

As razões por que a nova revolução tecnológica provocará mais agitações do que as revoluções industriais anteriores são aquelas mencionadas na introdução: velocidade (tudo está acontecendo em um ritmo muito mais rápido do que antes), amplitude e profundidade (há muitas mudanças radicais ocorrendo simultaneamente), e a transformação completa de sistemas inteiros.

Tendo em conta esses fatores impulsionadores, há uma certeza: as novas tecnologias mudarão drasticamente a natureza do trabalho em todos os setores e ocupações. A incerteza fundamental tem a ver com a quantidade de postos de trabalho que serão substituídos pela automação. Quanto tempo isso vai demorar e aonde chegará?

Para começarmos a compreender isso, precisamos entender os dois efeitos concorrentes que a tecnologia exerce sobre os empregos. Primeiro, há um efeito destrutivo que ocorre quando as rupturas alimentadas pela tecnologia e a automação substituem o trabalho por capital, forçando os trabalhadores a ficar desempregados ou realocar suas habilidades em outros lugares. Em segundo lugar, o efeito destrutivo vem acompanhado por um efeito capitalizador, em que a demanda por novos bens e serviços aumenta e leva à criação de novas profissões, empresas e até mesmo indústrias.

Os seres humanos possuem uma incrível capacidade de adaptação e inventividade. Mas o importante aqui é o tempo e o alcance em que o efeito capitalizador consegue suplantar o efeito destruidor e a velocidade dessa substituição.

Há cerca de dois campos opostos quando se trata do impacto de tecnologias emergentes no mercado de trabalho: aqueles que acreditam em um final feliz – os trabalhadores deslocados pela tecnologia vão encontrar novos empregos e a tecnologia irá desencadear uma nova era de prosperidade; e aqueles que acreditam que o fato levará a um progressivo Armagedom social e político, criando uma escala maciça de desempregos tecnológicos. A história nos mostra que o resultado provável está em algum lugar médio entre os dois campos. A questão é: O que fazer para promover resultados mais positivos e ajudar aqueles que ficarem presos na transição?

Sempre foi o caso de que a inovação tecnológica destrói alguns trabalhos que, por sua vez, são substituídos por novos empregos em uma atividade diferente e possivelmente em outros locais. Tome a agricultura como um exemplo. Nos EUA, no início do século XIX, 90% da força de trabalho era constituída por pessoas que trabalhavam na terra; mas hoje elas somam menos de 2%. Essa redução dramática ocorreu de forma relativamente tranquila, com poucas perturbações sociais ou desempregos endêmicos.

A economia do *app* oferece um exemplo de um novo ecossistema laboral. Ela teve início em 2008, quando Steve Jobs, o fundador da Apple, deixou que os desenvolvedores externos criassem aplicativos para o iPhone. Em meados de 2015, esperava-se que a economia global de aplicativos gerasse mais de US$ 100 bilhões em receitas, superando a indústria cinematográfica, que existe há mais de um século.

Os tecno-otimistas perguntam: Se extrapolarmos a partir do passado, por que seria diferente desta vez? Eles reconhecem que a tecnologia pode ser conflituosa, mas afirmam que ela sempre acaba melhorando a produtividade e aumentando a riqueza, levando, por sua vez, a uma maior demanda por bens e serviços e novos tipos de postos de trabalho para satisfazê-la. O cerne do argumento é o seguinte: os desejos e as necessidades humanas são infinitos, assim o processo de lhes fornecer algo também deve ser infinito. Exceto durante as recessões normais e depressões ocasionais, sempre haverá trabalho para todos.

Que evidências oferecem apoio a isso e o que isso nos diz sobre o que está à frente? Os primeiros sinais apontam para uma onda de inovações que substituirão o trabalho de vários setores e categorias de trabalho que, provavelmente, irão ocorrer nas próximas décadas.

Substituição do trabalho

Diferentes categorias de trabalho, particularmente aquelas que envolvem o trabalho mecânico repetitivo e o trabalho manual de precisão, já estão sendo automatizadas. Outras categorias seguirão o mesmo caminho, enquanto a capacidade de processamento continuar a crescer exponencialmente. Antes do previsto pela maioria, o trabalho de diversos profissionais diferentes poderá ser parcial ou completamente automatizado, a saber, advogados, analistas financeiros, médicos, jornalistas, contadores, corretor de seguros ou bibliotecários.

Até o momento, a evidência é a seguinte: a quarta revolução industrial parece estar criando menos postos de trabalho nas novas indústrias do que as revoluções anteriores. De acordo com uma estimativa do *Oxford Martin Programme on Technology*, apenas 0,5% da força de trabalho dos EUA está empregada em indústrias que não existiam na virada do século, uma porcentagem muito menor do que os aproximadamente 8% novos postos de trabalho criados em novas indústrias durante a década de 1980 e os 4,5% de novos postos de trabalho criados durante a década de 1990. O fato é corroborado por um recente censo econômico dos EUA, que esclarece uma interessante relação entre tecnologia e desemprego. Ele mostra que as inovações em tecnologias da informação e em outras tecnologias descontinuadoras tendem a elevar a produtividade por meio da substituição dos trabalhadores existentes; mas não por intermédio da criação de novos produtos que necessitam de mais trabalho para serem produzidos.

Dois pesquisadores da *Oxford Martin School*, o economista Carl Benedikt Frey e o especialista em aprendizagem automática Michael Osborne, quantificaram o efeito potencial da inovação tecnológica no desemprego; eles classificaram 702 profissões de acordo com a probabilidade de sua automatização, desde as que correm menor risco de serem automatizadas ("0" – nenhum risco) até aquelas com maior risco ("1" – certo risco de o trabalho ser substituído por algum tipo de computador).[23] Destaco a seguir na Tabela 2 algumas profissões com grande probabilidade de serem automatizadas e aquelas com a menor probabilidade.

A pesquisa concluiu que cerca de 47% do emprego total nos Estados Unidos está em risco; algo que poderá ocorrer em uma ou duas décadas, sendo caracterizado por um escopo muito mais amplo de destruição de empregos e por um ritmo de alterações muito mais veloz do que aquele ocorrido no mercado de trabalho pelas revoluções industriais anteriores. Além disso, há uma tendência de maior polarização do mercado de trabalho. O emprego crescerá em relação a ocupações e cargos criativos e cognitivos de altos salários e em relação às ocupações manuais de baixos salários; mas irá diminuir consideravelmente em relação aos trabalhos repetitivos e rotineiros.

---

23. Carl Benedikt Frey e Michael Osborne, "The Future of Employment: How Susceptible Are Jobs to Computerisation?", Oxford Martin School, Programme on the Impacts of Future Technology, University of Oxford, 17 set. 2013. Disponível em: http://www.oxfordmartin.ox.ac.uk/downloads/academic/The_Future_of_Employment.pdf.

Tabela 2
Exemplos de profissões
mais e menos propensas à automação

Mais propensas

Probabilidade	Profissão
0,99	Operadores de telemarketing
0,99	Responsável por cálculos fiscais
0,98	Avaliadores de seguros, danos automobilísticos
0,98	Árbitros, juízes e outros profissionais desportivos
0,98	Secretários jurídicos
0,97	Hosts e hostesses de restaurantes, lounges e cafés
0,97	Corretores de imóveis
0,97	Mão de obra agrícola
0,96	Secretários e assistentes administrativos, exceto os jurídicos, médicos e executivo
0,94	Entregadores e mensageiros

Menos propensas

Probabilidade	Profissão
0,0031	Assistentes sociais de abuso de substâncias e saúde mental
0,0040	Coreógrafos
0,0042	Médicos e cirurgiões
0,0043	Psicólogos
0,0055	Gerentes de recursos humanos
0,0065	Analistas de sistemas de computador
0,0077	Antropólogos e arqueólogos
0,0100	Engenheiros marinhos e arquitetos navais
0,0130	Gerentes de vendas
0,0150	Diretores

Fonte: Carl Benedikt Frey e Michael Osborne, Universidade de Oxford, 2013.

É interessante notar que as substituições não estão sendo causadas apenas pela capacidade crescentes dos algoritmos, robôs e outras formas de ativos não humanos. Michael Osborne observa que um fator crucial para a possibilidade da automação é o fato de as empresas estarem trabalhado de forma árdua para melhor definir e simplificar os empregos nos últimos anos como parte de seus esforços para terceirizar, criar *off-shores* e permitir o "trabalho digital" (por exemplo, através da Amazon *Mechanical Turk* ou serviço MTurk, uma plataforma colaborativa – *crowdsourcing* – com base na internet). A simplificação do trabalho significa que os algoritmos são mais capazes de substituir os seres humanos. Tarefas distintas e bem definidas levam a um melhor acompanhamento e alta qualidade dos dados relacionados à tarefa, criando, assim, uma base melhor para a inserção de algoritmos que farão o trabalho.

Ao pensar sobre a automação e o fenômeno da substituição, devemos resistir à tentação de polarizar nossos raciocínios sobre os impactos da tecnologia em relação ao emprego e ao futuro do trabalho. Segundo Frey e Osborne, o grande impacto da quarta revolução industrial sobre os mercados de trabalho e locais de trabalho em todo o mundo é quase inevitável. Mas isso não significa que estamos perante um dilema homem *versus* máquina. Na verdade, na maioria dos casos, a fusão das tecnologias digitais, físicas e biológicas que causa as alterações atuais servirá para aumentar o trabalho e a cognição humana; isso significa que os líderes precisam preparar a força de trabalho e desenvolver modelos de formação acadêmica para trabalhar com (e em colaboração com) máquinas cada vez mais capazes, conectadas e inteligentes.

Impacto sobre as competências

Num futuro previsível, os empregos de baixo risco em termos de automação serão aqueles que exigem habilidades sociais e criativas; em particular, as tomadas de decisão em situações de incerteza, bem como o desenvolvimento de novas ideias.

Isso, no entanto, pode não durar. Considere uma das profissões mais criativas – escrever – e o advento da geração automatizada de narrativas. Algoritmos sofisticados podem criar narrativas em qualquer estilo apropriado para um público específico. O conteúdo soa tão humano que um teste recente efetuado pelo jornal *The New York Times* mostrou que, ao ler duas peças semelhantes, é impossível dizer qual delas foi criada por um autor humano e qual foi produzida por um robô. A tecnologia avança de forma tão veloz que Kristian Hammond, cofundador da Ciência da Narrativa, uma empresa especializada em geração automatizada de narrativas, prevê que, por meados da década de 2020, 90% das notícias poderão ser geradas por um algoritmo, a maior parte delas sem qualquer intervenção humana (exceto a criação do algoritmo, claro).[24]

Nesse ambiente de trabalho em rápida evolução, a capacidade de antecipar as tendências laborais futuras e as necessidades em termos de conhecimentos e competências indispensáveis para adaptar-se, torna-se ainda mais crítica para todas as partes interessadas (*stakeholders*). As tendências variam de acordo com a localidade geográfica e a indústria envolvidas e, por isso, é importante entender os resultados da quarta revolução industrial para cada indústria e país específicos.

No relatório *Future of Jobs* do Fórum, pedimos aos diretores de recursos humanos dos maiores empregadores da atualidade em 10 indústrias e 15 países que imaginassem o impacto ao emprego, trabalho e competências até o ano 2020. Conforme mostrado na Figura 1 (ver p. 48), os entrevistados acreditam que, até 2020, a demanda recairá muito mais sobre as habilidades de resolução de problemas complexos, competências sociais e de sistemas e menos sobre as habilidades físicas ou competências técnicas específicas. O relatório conclui que os próximos cinco anos serão um período crucial da transição: as perspectivas de emprego global estão achatadas, mas há uma rotatividade significativa entre empregos nas indústrias e rotatividade de habilidades na maioria das profissões. Se, por um lado, é esperado que o equilíbrio entre salários e vida profissional melhore um pouco para a maioria das ocupações, a estabilidade empregatícia deve agravar-se em metade das indústrias pesquisadas. É também evidente que homens e mulheres serão afetados de formas diversas, causando possíveis exacerbações das desigualdades (ver Quadro A: Lacunas de gênero e a Quarta Revolução Industrial, p. 49).

---

24. Shelley Podolny, "If an Algorithm Wrote This, How Would You Even Know?", *The New York Times*, 7 mar. 2015. Disponível em: http://www.nytimes.com/2015/03/08/opinion/sunday/if-an-algorithm-wrote-this-how-would-you-even-know.html?_r=0.

Figura 1. Demanda por habilidades em 2020

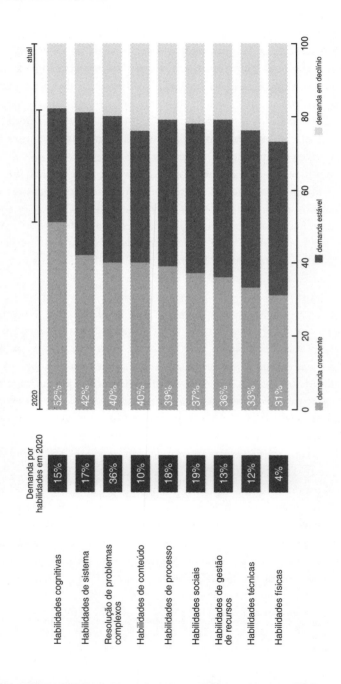

Fonte: Future of Jobs Report, Fórum Econômico Mundial.

Quadro A
Lacunas de gênero e a Quarta Revolução Industrial

A 10ª edição do *Global Gender Gap Report 2015* do Fórum Econômico Mundial revelou duas tendências preocupantes. Em primeiro lugar, no atual ritmo de progresso, levaremos 118 anos para conseguirmos atingir a paridade econômica de gênero em todo o mundo. Em segundo lugar, o progresso no sentido da paridade é extremamente lento e possivelmente evasivo.

Neste contexto, é fundamental considerar o impacto da quarta revolução industrial sobre a lacuna de gênero. O ritmo acelerado das mudanças tecnológicas que abrangem os mundos físicos, digitais e biológicos afetará o papel das mulheres na economia, política e sociedade?

Uma questão importante a considerar é se as profissões dominadas por mulheres ou homens estão mais suscetíveis a serem automatizadas. O relatório *Future of Jobs* (Futuro dos Empregos) do Fórum indica que as perdas significativas de empregos poderão abranger ambos os gêneros. Se, por um lado, há maior tendência ao desemprego por causa da automação em setores dominados por homens, tais como a manufatura, a construção e a montagem, os crescentes recursos da inteligência artificial e a capacidade de digitalizar as tarefas nas indústrias de serviço indicam que uma ampla gama de empregos estão em risco, desde posições em *call centers* em mercados emergentes (a fonte de subsistência de um grande número de jovens trabalhadoras, que são as primeiras pessoas de suas famílias a trabalhar) até as funções administrativas e no varejo das economias desenvolvidas (um empregador importante de mulheres de classe média baixa).

Perder o emprego causa efeitos negativos em muitas circunstâncias, mas o efeito cumulativo de perdas significativas em categorias inteiras de trabalho que, tradicionalmente, ofereceram acesso ao mercado de trabalho para as mulheres é causa para uma severa preocupação. Especificamente, isso colocará em risco as famílias com um único rendimento chefiadas por mulheres pouco qualificadas, achatará os ganhos totais das famílias com dois rendimentos e aumentará as já preocupantes lacunas de gênero em todo o mundo.

Mas e as novas funções e categorias de trabalho? Que novas oportunidades podem existir para as mulheres em um mercado de trabalho transformado pela quarta revolução industrial? Embora seja difícil mapear as competências e as habilidades esperadas em indústrias que ainda não foram criadas, podemos presumir de forma razoável que irá aumentar a demanda por habilidades que permitam aos trabalhadores projetar, construir e trabalhar ao lado de sistemas tecnológicos, ou em áreas que preencham as lacunas deixadas por essas inovações tecnológicas.

Tendo em vista que os homens ainda tendem a dominar a ciência da computação, a matemática e a engenharia, o aumento da demanda por habilidades técnicas especializadas pode exacerbar as desigualdades de gênero. Ainda assim, poderá haver um aumento de demanda por funções que as máquinas não conseguem realizar e que dependem de características intrinsecamente humanas e capacidades como a empatia e a compaixão. As mulheres prevalecem em muitas dessas ocupações, incluindo psicólogas, terapeutas, treinadoras, organizadoras de eventos, enfermeiras e outras prestadoras de cuidados de saúde.

Uma questão-chave aqui é o retorno relativo sobre o tempo e esforços investidos às funções que exigem diferentes habilidades técnicas, pois há um risco de que os serviços pessoais e outras categorias de trabalho atualmente dominados por mulheres continuarão sendo desvalorizados. Se isso acontecer, a quarta revolução industrial poderá causar maior divergência entre os papéis de homens e mulheres. Isso seria um resultado negativo da quarta revolução industrial, pois a desigualdade mundial e a lacuna de gênero aumentariam tanto, a ponto de tornar mais difícil a alavancagem dos talentos femininos no mercado de trabalho do futuro. Além disso, colocaria em risco o valor criado pela maior diversidade e pelos conhecidos ganhos em maior criatividade e eficiência das empresas que possuem, em todos os níveis, equipes equilibradas em relação ao gênero. Muitas das características e capacidades tradicionalmente associadas às mulheres e às profissões femininas serão muito mais necessárias no período da quarta revolução industrial.

Apesar de não podermos prever os diferentes impactos da quarta revolução industrial aos homens e às mulheres, deveríamos aproveitar a oportunidade de uma economia em transformação para redesenhar as políticas laborais e as práticas comerciais para garantir que homens e mulheres sejam totalmente empoderados.

No mundo de amanhã, surgirão muitas novas posições e profissões, geradas não apenas pela quarta revolução industrial, mas também por fatores não tecnológicos, como pressões demográficas, mudanças geopolíticas e novas normas sociais e culturais. Hoje, não podemos prever exatamente o que acontecerá, mas estou convencido de que o talento, mais que o capital, representará o fator crucial de produção. Por essa razão, a escassez de uma força de trabalho capaz, mais que a disponibilidade de capital, terá maior probabilidade de constituir o limite incapacitante de inovação, competitividade e crescimento.

Isso poderá dar origem a um mercado de trabalho cada vez mais segregado em segmentos de baixa competência/baixo salário e alta competência/alto salário, ou conforme previsto por Martin Ford, autor e empresário de *software* do vale do silício,[25] a menos que nos preparemos hoje para as alterações, o esvaziamento de toda a base da pirâmide de habilidades profissionais levará a uma crescente desigualdade e ao aumento das tensões sociais.

Essas pressões também irão nos forçar a reconsiderar o que entendemos por "alta competência" no contexto da quarta revolução industrial. As definições tradicionais de trabalho qualificado dependem da presença de educação avançada ou especializada e um conjunto definido de competências inscritas a uma profissão ou domínio de especialização. Dada a crescente taxa das mudanças tecnológicas, a quarta revolução industrial exigirá e enfatizará a capacidade dos trabalhadores em se adaptar continuamente e aprender novas habilidades e abordagens dentro de uma variedade de contextos.

O estudo *Future of Jobs* do Fórum também mostrou que menos de 50% dos principais gerentes de recursos humanos estão, pelo menos razoavelmente, confiantes nas estratégias adotadas pela força de trabalho de suas organizações para se prepararem para essas mudanças. Os principais obstáculos a uma abordagem mais decisiva incluem a falta de compreensão por parte das empresas sobre a natureza das mudanças disruptivas, pouco ou nenhum alinhamento entre as estratégias relativas à força de trabalho e as estratégias de inovação das empresas, limitações de recursos e pressões da rentabilidade de curto prazo. Como consequência, há uma incompatibilidade entre a magnitude das mudanças futuras e as

---

25. Martin Ford, *Rise of the Robots*, Basic Books, 2015.

ações relativamente marginais tomadas pelas empresas para enfrentar esses desafios. As empresas precisam de uma nova mentalidade para satisfazer suas próprias necessidades de talento e para atenuar os resultados indesejados à sociedade.

Impacto sobre as economias em desenvolvimento

É importante refletir sobre o que isso pode significar para os países em desenvolvimento. As fases anteriores da revolução industrial ainda não chegaram a muitos cidadãos do mundo, que ainda não têm acesso à eletricidade, à água potável, a saneamento e vários outros equipamentos essenciais vistos como normais nas economias avançadas. Apesar disso, a quarta revolução industrial causará impactos inevitáveis às economias em desenvolvimento.

Até o momento, o impacto exato da quarta revolução industrial ainda não foi visto. Nas últimas décadas, embora tenha havido um aumento da desigualdade no interior dos países, a disparidade entre eles diminuiu de forma significativa. Será que há riscos de que a quarta revolução industrial inverta o estreitamento das lacunas entre as economias ocorrido até o momento em termos de renda, habilidades, infraestrutura, finanças e outras áreas? Ou as tecnologias e as rápidas mudanças serão aproveitadas para o desenvolvimento e aceleração do ritmo econômico?

Devemos dar a atenção exigida por essas questões difíceis, mesmo que as economias mais avançadas estejam preocupadas apenas com seus próprios desafios. Garantir que nenhuma faixa do globo seja deixada para trás não é um imperativo moral; é um objetivo crucial para mitigar o risco de instabilidade mundial, em razão da geopolítica e dos desafios de segurança causados, por exemplo, pelos fluxos migratórios.

Há um cenário desafiador para os países de baixa renda, isto é, saber se a quarta revolução industrial levará a uma grande "migração" das fabricantes mundiais para as economias avançadas, algo bastante possível caso o acesso a baixos salários deixe de ser um fator de competitividade das empresas. A capacidade de desenvolver fortes setores da indústria transformadora que sirvam à economia global com base nas vantagens dos custos é um caminho de desenvolvimento já muito utilizado para que os países acumulem capital, transfiram tecnologia e aumentem os rendimentos. Caso esse caminho se feche, muitos países terão de repensar seus modelos e estratégias de industrialização. Se e como as economias em desenvolvimento podem aproveitar as oportunidades da quarta revolução industrial será uma questão importantíssima para o mundo; é essencial que sejam feitas mais pesquisas e reflexões para compreendermos, desenvolvermos e adaptarmos as estratégias necessárias.

O perigo é que a quarta revolução industrial poderia causar uma dinâmica de jogadas do tipo "tudo ao vencedor" entre países, bem como dentro deles. Isso causaria um maior número de conflitos e tensões sociais e criaria um mundo menos coeso e mais volátil, especialmente porque as pessoas estão hoje muito mais conscientes e sensíveis às injustiças sociais e às discrepâncias das condições de vida entre diferentes países. A menos que os líderes dos setores público e privado assegurem aos cidadãos que eles estão realizando boas estratégias para melhorar a vida dos povos, a agitação social, a migração em massa e o extremismo violento poderão ser intensificados, criando, dessa forma, riscos para os países em qualquer fase de desenvolvimento. É fundamental que as pessoas acreditem que seu trabalho é importante para oferecer suporte a si mesmas e às suas famílias, mas o que acontecerá se houver demanda insuficiente para o trabalho, ou se as competências disponíveis deixarem de coincidir com as demandas?

3.1.3 A natureza do trabalho

O surgimento de um mundo em que o paradigma dominante do trabalho pode ser mais uma série de transações entre um trabalhador e uma empresa do que uma relação duradoura foi, há 15 anos, descrito por Daniel Pink em seu livro *Free Agent Nation*.[26] Essa tendência foi bastante acelerada pelas inovações tecnológicas.

Atualmente, a economia sob demanda está alterando de maneira fundamental nossa relação com o trabalho e o tecido social no qual ele está inserido. Mais empregadores estão usando a "nuvem humana" para que as coisas sejam feitas. As atividades profissionais são separadas em atribuições e projetos distintos; em seguida, elas são lançadas em uma nuvem virtual de potenciais trabalhadores, localizados em qualquer lugar do mundo. Essa é a nova economia sob demanda, em que os prestadores de serviço não são mais empregados no sentido tradicional, mas são trabalhadores

---

26. Daniel Pink, *Free Agent Nation – the Future of Working for Yourself*, Grand Central Publishing, 2001.

bastante independentes que realizam tarefas específicas. Segundo dito por Arun Sundararajan, professor da *Stern School of Business* da Universidade de Nova York (NYU), na coluna do jornalista Farhad Manjoo no jornal *The New York Times*: "Talvez cheguemos a um futuro em que parte da força de trabalho terá uma carteira de coisas para gerar sua renda – você pode ser motorista da Uber, comprador da Instacart, locador da Airbnb e trabalhar para a TaskRabbit."[27].

As vantagens da economia digital para as empresas e, em particular, para as *startups* em rápido crescimento são claras. Já que as plataformas de nuvem humana classificam os trabalhadores como autônomos, elas estão – no momento – livres da obrigação de pagar salários mínimos, tributos e benefícios sociais. Conforme explicado por Daniel Callaghan, diretor executivo da MBA & Company no Reino Unido, em um artigo ao *Financial Times*: "Você, agora, pode trabalhar com quem você quiser, quando quiser e exatamente como você quiser. E, já que não são empregados, você não precisa mais lidar com as dificuldades e normas do trabalho."[28].

Para as pessoas que estão na nuvem, as principais vantagens residem na liberdade (de trabalhar ou não) e na mobilidade incomparável que desfrutam por fazerem parte de uma rede virtual mundial. Alguns trabalhadores autônomos veem isso como a combinação ideal entre muita liberdade, menos estresse e maior satisfação no trabalho. Embora a nuvem humana ainda esteja em seu início, já há bastante evidência episódica indicando que ela implica uma terceirização internacional silenciosa (silenciosa porque as plataformas de nuvem humana não estão listadas nem precisam divulgar seus dados).

Será que esse é o começo de uma revolução do novo trabalho flexível que irá empoderar qualquer indivíduo que tenha uma conexão de internet e que irá eliminar a escassez de competências? Ou será que irá desencadear o início de uma inexorável corrida para o fundo em um mundo de fábricas virtuais não regulamentadas? Se o resultado for o último – um mundo do 'precariado', uma classe social de trabalhadores que se desloca de tarefa em tarefa para conseguir se sustentar enquanto perde seus direitos traba-

---

27. Citado em: Farhad Manjoo, "Uber's Business Model could Change your Work", *The New York Times,* 28 jan. 2015.
28. Citado em: Sarah O'Connor, "The Human Cloud: a New World of Work", *The Financial Times,* 8 out. 2015.

lhistas, ganhos das negociações coletivas e segurança no trabalho –, será que isso criaria uma grande fonte de agitação social e instabilidade política? Por fim, será que o desenvolvimento da nuvem humana irá apenas acelerar a automação dos postos de trabalho humano?

O desafio que enfrentaremos trará novas formas de contratos sociais e de empregos, adequados à mudança da força de trabalho e à natureza evolutiva do trabalho. Devemos limitar as desvantagens da nuvem humana em termos de possível exploração, enquanto ela não estiver cerceando o crescimento do mercado de trabalho, nem impedindo as pessoas de trabalhar da forma que desejarem. Se não conseguirmos fazer isso, a quarta revolução industrial poderá nos conduzir para o lado negro do futuro do trabalho, conforme descrito por Lynda Gratton, professora de práticas de gestão da *London Business School*, em seu livro *The Shift: the Future of Work is Already Here* – aumento dos níveis de fragmentação, isolamento e exclusão em toda a sociedade.[29]

Conforme afirmo ao longo deste livro, a escolha é nossa. Ela depende totalmente das decisões políticas e institucionais que fizermos. É preciso estar ciente, no entanto, de uma reação reguladora que reafirme o poder dos formuladores de políticas no processo e cause tensão às forças adaptativas de um sistema complexo.

A importância do propósito

Devemos também ter em mente que nem tudo é sobre talentos e competências. A tecnologia permite maior eficiência, desejada pela maioria das pessoas. No entanto, elas também não querem ser mera parte de um processo, mas de algo maior que elas mesmas. Karl Marx expressou sua preocupação de que o processo de especialização reduziria o sentimento de propósito que todos nós buscamos no trabalho, enquanto Buckminster Fuller advertiu sobre os riscos da superespecialização, pois ela tende "a silenciar as pesquisas mais amplas e, portanto, cancelar descobertas adicionais de poderosos princípios gerais".[30]

Agora, confrontados com uma maior complexidade em conjunto com a hiperespecialização, nos vemos em um momento em que o desejo de ser

---

29. Lynda Gratton, *The Shift: the Future of Work is Already Here*, Collins, 2011.
30. R. Buckminster Fuller e E. J. Applewhite, *Synergetics: Explorations in the Geometry of Thinking*, Macmillan, 1975.

um participante com propósito está se tornando um grande problema. Este é particularmente o caso da geração mais jovem, que costuma ver os empregos corporativos como algo que restringe sua capacidade de encontrar significado e propósito na vida. Em um mundo onde as fronteiras estão desaparecendo e as aspirações estão mudando, as pessoas não buscam apenas o equilíbrio profissional, mas também uma integração profissional harmoniosa. Preocupa-me que o futuro do trabalho permitirá que apenas uma minoria de indivíduos consiga alcançar tal satisfação.

3.2 Negócios

Além das mudanças nos padrões de crescimento, nos mercados de trabalho e no futuro do trabalho, que naturalmente irão influenciar todas as organizações, há evidência de que as tecnologias que sustentam a quarta revolução industrial causam um grande impacto sobre como as empresas são lideradas, organizadas e administradas. Um sintoma particular deste fenômeno é a redução histórica da média da expectativa de vida de uma empresa listada no S&P 500 de cerca de 60 para aproximadamente 18.[31] Outro é a mudança no tempo que os novos operadores levam para dominar os mercados e atingir receitas significativas. O Facebook levou seis anos para alcançar receitas de US$ 1 bilhão por ano e o Google apenas cinco anos. Não há dúvida de que as tecnologias emergentes, quase sempre alimentadas e possibilitadas pelos recursos digitais, estão aumentando a velocidade e a escala da mudança das empresas.

Isso também reforça um tema subjacente em minhas conversas com CEOs e diretores comerciais sêniores de todo o mundo, a saber, a dificuldade de compreendermos ou prever o dilúvio de informações disponíveis atualmente, a velocidade das rupturas e a aceleração das inovações. Tais fatos constituem uma fonte de constantes surpresas. Nesse contexto, a capacidade do líder de continuamente aprender, adaptar-se e desafiar seus próprios modelos conceituais e operacionais de sucesso é o que irá distinguir a próxima geração de líderes comerciais bem-sucedidos.

Portanto, o primeiro imperativo do impacto comercial da quarta revolução industrial é a urgente necessidade de olhar para si mesmo como um líder comercial e para a própria organização. Há evidência de que a

---

31. Eric Knight, "The Art of Corporate Endurance", *Harvard Business Review*, 2 abr. 2014. Disponível em: https://hbr.org/2014/04/the-art-of-corporate-endurance.

organização e a liderança são capazes de aprender e mudar? Há registros de prototipagem e tomada de decisão sobre investimentos em ritmo acelerado? A cultura da empresa aceita as inovações e o fracasso? Tudo o que vejo indica que a caminhada se tornará mais veloz, as alterações serão fundamentais, e a caminhada, portanto, precisará de uma visão dura e honesta quanto à capacidade das organizações para operar de forma veloz e ágil.

Fontes da ruptura

Múltiplas fontes de ruptura causam diferentes formas de impactos nos negócios. Do lado da oferta, muitas indústrias estão vendo a introdução de novas tecnologias que criam formas inteiramente novas de servir às necessidades efetivas e causar grandes rupturas nas cadeias de valor existentes. Há muitos exemplos. As novas tecnologias de armazenamento e geração de energia irão acelerar a mudança para fontes mais descentralizadas. A adoção ampla da impressão em 3D tornará a fabricação distribuída e a manutenção de peças sobressalentes mais fáceis e baratas. As informações e inteligência em tempo real irão fornecer entendimentos únicos sobre os clientes e o desempenho dos ativos, amplificando outras tendências tecnológicas.

As rupturas também serão geradas por competidores ágeis e inovadores que, acessando as plataformas digitais globais para pesquisa, desenvolvimento, marketing, vendas e distribuição, poderão ultrapassar os operadores históricos bem estabelecidos com uma velocidade jamais vista, melhorando a qualidade, a velocidade ou o preço da entrega de valor. Esta é a razão por que muitos líderes comerciais consideram que sua maior ameaça são os concorrentes que ainda não são considerados como tal. Seria um erro, no entanto, imaginar que a ruptura competitiva virá apenas das *startups*. A digitalização permite também que os grandes operadores históricos cruzem as barreiras da indústria, aproveitando a sua base de clientes, a infraestrutura ou a tecnologia que já possuem. A transferência das empresas de telecomunicações para os segmentos de cuidados de saúde e automotivos são exemplos disso. O tamanho ainda pode ser uma vantagem competitiva, caso seja aproveitado de forma inteligente.

As principais mudanças no lado da demanda também causaram descontinuidades: a crescente transparência, o engajamento dos consumidores e os novos padrões de comportamento dos consumidores (cada vez mais baseados no acesso a dados e redes móveis) forçam as empresas a adaptarem o *design*, a propaganda e as formas de entrega de produtos e serviços existentes e novos.

No geral, vejo o impacto da quarta revolução industrial nos negócios como uma mudança inexorável da digitalização simples que caracterizou a terceira revolução industrial para um modo muito mais complexo de inovação com base na combinação de várias tecnologias em novas formas. Isso obriga todas as empresas a reavaliar a maneira de fazer negócios e assume diferentes formas. Para algumas empresas, ganhar novas fronteiras de valor pode consistir no desenvolvimento de novos negócios em segmentos adjacentes, enquanto, para outras, o mesmo pode refletir-se na identificação de bolsões de valor em mudança dentro dos setores existentes.

A necessidade, todavia, permanece a mesma. Os líderes empresariais e diretores sêniores precisam compreender que as rupturas afetam a demanda e a oferta de seus negócios. Isso, por sua vez, deve obrigá-los a desafiar os pressupostos de suas equipes operacionais e encontrar novas maneiras de fazer as coisas. Em suma, eles precisam inovar continuamente.

Quatro grandes impactos

A quarta revolução industrial possui quatro efeitos principais aos negócios de todas as indústrias:
- as expectativas dos clientes estão mudando;
- os produtos estão sendo melhorados pelos dados, o que melhora a produtividade dos ativos;
- estão sendo formadas novas parcerias, conforme as empresas aprendem a importância de novas formas de colaboração; e
- os modelos operacionais estão sendo transformados em novos modelos digitais.

3.2.1 As expectativas dos consumidores

Os clientes, seja como indivíduos (B2C), seja como empresas (B2B), estão cada vez mais no centro da economia digital, a qual trata de como eles são servidos. As expectativas dos clientes estão sendo redefinidas em experiências. A experiência Apple, por exemplo, não é apenas sobre como utilizamos o produto, mas também sobre a embalagem, a marca, as compras e o serviço ao cliente. A Apple está, então, redefinindo as expectativas para incluir a experiência do produto.

As abordagens tradicionais sobre segmentação demográfica estão mudando para o direcionamento através de critérios digitais, em que os clientes potenciais podem ser identificados com base em sua disponibilidade para compartilhar dados e interagir. Conforme a propriedade dá lugar de forma acelerada ao acesso compartilhado (especialmente nas cidades), o compartilhamento de dados será uma parte necessária da declaração de valor. Por exemplo, o compartilhamento de automóveis exigirá a integração de informações pessoais e financeiras por meio de várias empresas dos setores bancário e automotivos, de serviços e comunicações.

A maioria das empresas diz estar centrada no cliente, mas suas afirmações serão testadas conforme os dados em tempo real e as análises forem aplicados ao modo que servem e atendem a seus clientes. A era digital trata do acesso e uso de dados, refinando produtos e experiências, promovendo um mundo de ajustes e refinamentos contínuos, garantindo, ao mesmo tempo, que a dimensão humana da interação continue a ser o cerne do processo.

A capacidade de utilizar várias fontes de dados – desde as pessoais até as industriais, das fontes sobre estilos de vida às fontes comportamentais – oferece conhecimento granular sobre a caminhada de compras do cliente; algo impensável até recentemente. Hoje, dados e métricas (índices) oferecem informações cruciais em tempo quase real sobre as necessidades e comportamentos dos clientes que dirigem as decisões de marketing e vendas.

Esta tendência de digitalização está atualmente caminhando para a maior transparência, significando mais dados da cadeia de fornecimento, mais dados na ponta dos dedos dos consumidores e, portanto, mais comparações ponto a ponto (*peer-to-peer*) sobre o desempenho dos produtos que transferem poder aos consumidores. Por exemplo, os *sites* de comparação de preços facilitam a comparação deles, da qualidade dos serviços e do desempenho do produto. Com o clique de um *mouse* ou toque do dedo, os consumidores instantaneamente passam de uma marca, serviço ou agência digital para a seguinte. As empresas não podem mais se esquivar da responsabilização por seu desempenho fraco. O patrimônio da marca é um prêmio difícil de ganhar e fácil de ser perdido. Isso será amplificado em um mundo mais transparente.

Em grande medida, a geração do milênio está definindo as tendências de consumo. Vivemos hoje em um mundo sob demanda; 30 bilhões de mensagens de WhatsApp são enviadas todos os dias[32] e 87% dos jovens nos Estados Unidos disseram que nunca deixam de lado seus *smartphones*, 44% utilizam diariamente a câmera de seus telefones.[33] Este é um mundo em que o mais importante é a partilha *peer-to-peer* e o conteúdo gerado pelo usuário. É um mundo do *agora*: um mundo em tempo real, com direções de tráfego instantâneas e compras entregues diretamente em sua porta. Este "mundo do agora" exige que as empresas respondam em tempo real, onde quer que elas estejam ou onde quer que seus clientes e fornecedores possam estar.

Seria um erro supor que isso se limita às economias de alta renda. Vejamos o exemplo das compras *on-line* na China. No dia 11 de novembro de 2015, chamado de Single Day (Dia único) pelo grupo Alibaba, o serviço de comércio eletrônico lidou com mais de mais de US$ 14 bilhões em transações *on-line*, 68% das vendas ocorreram por meio de dispositivos móveis.[34] Outro exemplo ocorre na África subsaariana; esta é a região de maior crescimento em termos de assinaturas de telefones celulares, o que demonstra que a internet móvel está deixando a linha fixa para trás. A GSM *Association* espera por mais 240 milhões de usuários de internet móvel na África subsaariana nos próximos cinco anos.[35] E, enquanto as economias avançadas têm as maiores taxas de penetração das mídias sociais, o leste asiático, o sudeste Asiático e a América Central estão acima da média global de 30% e em rápido crescimento. WeChat (Weixin), um serviço chinês de mensagens de texto e de voz para celulares, ganhou cerca de 150 milhões de usuários em apenas 12 meses até o final de 2015, um crescimento anual de, no mínimo, 39%.[36]

---

32. VentureBeat, "WhatsApp now Has 700M Users, Sending 30B Messages per Day", 6 jan. 2015. Disponível em: http://venturebeat.com/2015/01/06/whatsapp-now-has-700m-users-sending-30b-messages-per-day/.
33. Mitek e Zogby Analytics, *Millennial Study 2014*, set. 2014. Disponível em: https://www.mitek systems.com/sites/default/files/Documents/zogby_final_embargo_14_9_25.pdf.
34. Gillian Wong, "Alibaba Tops Singles' Day Sales Record Despite Slowing China Economy", *The Wall Street Journal*, 11 nov. 2015. Disponível em: http://www.wsj.com/articles/alibaba-smashes-singles-day-sales-record-1447234536.
35. "The Mobile Economy: Sub-Saharan Africa 2014", GSM Association, 2014. Disponível em: http://www.gsmamobileeconomyafrica.com/GSMA_ME_SubSaharanAfrica_Web_Singles.pdf.
36. Tencent, "Announcement of Results for the Three and Nine Months Ended 30 September 2015". Disponível em: http://www.tencent.com/en-us/content/ir/an/2015/attachments/20151110.pdf.

3.2.2 Produtos inteligentes

As novas tecnologias estão transformando a forma como as organizações percebem e gerenciam seus ativos, pois produtos e serviços recebem a melhoria de recursos digitais que aumentam seu valor. A Tesla, por exemplo, mostra como as atualizações de *software* e conectividade por meio da tecnologia *"over-the-air"* (no ar) podem ser usadas para melhorar um produto (um carro) depois da compra, em vez de deixá-lo depreciar ao longo do tempo.

Os novos materiais estão tornando os bens mais duráveis e resistentes e, além disso, os dados e as análises também estão transformando o papel da manutenção. A análise fornecida por sensores colocados nos bens permite seu constante monitoramento e manutenção proativa e, ao fazê-lo, maximizam a sua utilização. Não se trata mais de buscar falhas específicas, mas do uso de dados comparativos sobre o desempenho (com base em dados fornecidos pelos sensores e monitorados por algoritmos) que podem avisar quando uma parte do equipamento está fora de seus parâmetros normais de funcionamento. Nas aeronaves, por exemplo, os centros de controle aéreo sabem – antes dos pilotos – se um motor de uma aeronave específica está desenvolvendo algum tipo de falha. Eles podem, por conseguinte, instruir o piloto sobre o que fazer e mobilizar a equipe de manutenção com antecedência no destino do voo.

Além da manutenção, a capacidade de prever o desempenho de um bem permite o estabelecimento de novos modelos de negócios. O desempenho dos bens pode ser mensurado e monitorado ao longo do tempo – as análises oferecem informações sobre as tolerâncias operacionais e fornecem a base para a terceirização de produtos que não são estratégicos ou principais para as necessidades do negócio. A SAP é um exemplo de empresa que está alavancando os dados de produtos físicos da agricultura para aumentar o tempo de atividade e utilização deles.

A capacidade de prever o desempenho de um bem também oferece novas oportunidades para precificar os serviços. Os bens com alta taxa de utilização, como elevadores ou passarelas, podem ser precificados pelo desempenho do bem; e os prestadores de serviços podem ser pagos com base no desempenho real contra um limiar de 99,5% do tempo de operação durante determinado período. Tomemos o exemplo das frotas de caminhão. Os transportadores de longa distância estão interessados em proposições em que eles pagam aos fabricantes de pneus pelo uso a cada 1.000 quilômetros rodados, em vez de precisarem comprar pneus novos de forma periódica. Isso ocorre porque a combinação de sensores e análises permite que as empresas de pneus monitorem o desempenho do motorista, o consumo de combustível e o desgaste dos pneus para poder oferecer um serviço completo de ponta a ponta.

3.2.3 Inovação colaborativa

Um mundo de experiências do cliente, os serviços com base em dados e o desempenho de bens por meio da análise exigem novas formas de colaboração, particularmente por causa da velocidade na qual as inovações e as rupturas estão ocorrendo. Isso é verdade para os operadores e as empresas estabelecidas, mas também para as empresas jovens e dinâmicas. Às primeiras costumam faltar habilidades específicas e elas possuem menor sensibilidade à evolução das necessidades dos clientes, enquanto as últimas possuem pouco capital e lhes falta os importantes dados gerados por operações maduras.

Conforme um relatório do Fórum, *Collaborative Innovation: Transforming Business, Driving Growth*, quando as empresas compartilham recursos por meio da inovação colaborativa, é possível criar bastante valor para ambas as partes, bem como para as economias onde essas colaborações ocorrem. Um exemplo disso é a recente colaboração entre a gigante industrial Siemens, que gasta cerca de US$ 4 bilhões por ano em pesquisas e desenvolvimento, e a Ayasdi, uma empresa inovadora de aprendizagem automática, ganhadora do prêmio *Technology Pioneer* (Pioneiro Tecnológico) do Fórum Econômico Mundial, fundada em 2008 na Universidade de Stanford. Essa parceria oferece à Siemens acesso a um parceiro que pode ajudar a resolver desafios complexos ao extrair ideias de vastas quantidades de dados, enquanto a Ayasdi pode validar sua abordagem topológica de análise de dados com dados reais e, ao mesmo tempo, expandir sua presença no mercado.

Essas colaborações, no entanto, costumam estar longe de serem simples. Elas exigem um investimento significativo de ambas as partes para o desenvolvimento de uma estratégia firme, busca de parceiros apropriados, estabelecimentos dos canais de comunicação, alinhamento de processos e oferecimento de respostas flexíveis às novas condições, tanto dentro como fora da parceria. Às vezes, essas colaborações criam modelos inteiramente novos de negócios, tais como os esquemas de compartilhamento de automóveis nas cidades, que reúnem empresas de várias indústrias para oferecer uma experiência integrada ao cliente. A parceria depende do elo mais fraco da cadeia. As empresas precisam ir bem além dos acordos de marketing e vendas se quiserem compreender como adotar abordagens globais de colaboração. A quarta revolução industrial obriga as empresas a imaginar o funcionamento prático entre os mundos *off-line* e *on-line*.

3.2.4 Novos modelos operacionais

Todos esses diferentes impactos exigem que as empresas repensem seus modelos de funcionamento. Nesse sentido, o desafio do planejamento estratégico ocorre pela necessidade de as empresas operarem com maior velocidade e agilidade.

Conforme mencionado anteriormente, um importante modelo operacional que se tornou possível pelos efeitos de rede da digitalização é a plataforma. Enquanto a terceira revolução industrial viu o surgimento de plataformas puramente digitais, uma marca registrada da quarta revolução industrial é o aparecimento de plataformas globais, intimamente ligadas ao mundo físico. A estratégia da plataforma é tanto rentável quanto descontinuadora. Uma pesquisa realizada pela *Sloan School of Management* do MIT mostrou que entre as 30 maiores marcas por capitalização de mercado em 2013, 14 eram empresas orientadas por plataformas.[37]

As estratégias das plataformas, combinadas com a necessidade de concentrar-se mais no cliente e melhorar os produtos por meio de dados, estão alterando o foco de muitas indústrias, da venda de produtos para o fornecimento de serviços. Um número crescente de consumidores não mais compra e possui objetos físicos, mas preferem pagar pela entrega de um serviço subjacente que será acessado através de uma plataforma digital. É possível, por exemplo, obter acesso digital a bilhões de livros por meio da Kindle Store da Amazon, ouvir quase todas as músicas do mundo pelo Spotify, ou juntar-se a uma empresa de compartilhamento de carros que fornece serviços de mobilidade sem a necessidade de possuir o veículo. Essa mudança é poderosa e permite o aparecimento de modelos econômicos mais transparentes e sustentáveis de troca de valores. Mas

---

37. MIT, "The Ups and Downs of Dynamic Pricing", innovation@work Blog, MIT Sloan Executive Education, 31 out. 2014. Disponível em: http://executive.mit.edu/blog/the-ups-and-downs-of-dynamic-pricing#.VG4yA_nF-bU.

isso também cria desafios sobre a definição de propriedade, sobre como colaborar e envolver-se com esse conteúdo ilimitado e sobre como interagirmos com essas plataformas cada vez mais poderosas que nos fornecem esses serviços em escala.

O trabalho do Fórum Econômico Mundial, em sua iniciativa "Transformação Digital da Indústria" (*Digital Transformation of Industry*), destaca uma série de outros negócios e modelos de funcionamento para aproveitar as oportunidades da quarta revolução industrial. O anteriormente citado "foco no cliente" é um deles; proponentes, como a Nespresso, concentram seus esforços nos processos da linha de frente e capacitam seus funcionários para que coloquem o cliente em primeiro lugar. Modelos de negócios frugais usam as oportunidades oferecidas pela interação dos reinos digitais, físicos e humanos para abrir novas formas de otimização, tais como os esforços empreendidos pela Michelin para fornecer serviços de alta qualidade a baixos custos.

Os modelos de negócios com base em dados criam novas fontes de receitas a partir do acesso a informações valiosas sobre os clientes em um contexto mais amplo e, cada vez mais, dependem da inteligência das análises e *softwares* para desbloquear os conhecimentos. As empresas "abertas e líquidas" posicionam-se como parte de um ecossistema de criação de valor fluido, enquanto o foco das empresas tipo "Skynet" concentram-se na automação, tornando-se mais prevalente em locais e indústrias perigosos. Há muitos exemplos de empresas que se articulam em relação a modelos de negócios que focalizam no emprego de novas tecnologias para que o uso dos fluxos de energia e material sejam mais eficientes e, assim, preservem os recursos, reduzam custos e tenham um impacto positivo sobre o meio ambiente (ver Quadro B: Renovação e preservação ambiental, p. 69).

Por causa dessas transformações, as empresas precisarão investir pesadamente em sistemas cibernéticos e de segurança de dados para evitar a interrupção direta, causada por criminosos, ativistas ou falhas não intencionais da infraestrutura digital. As estimativas do custo total anual aos negócios, causado por ciberataques, estão na ordem de grandeza de US$ 500 bilhões. As experiências de empresas como a Sony Pictures, TalkTalk, Target e Barclays indicam que a perda do controle de dados corporativos sensíveis e dados sobre os clientes tem um enorme efeito negativo sobre os preços de suas ações. Isso explica por que o Banco Merrill Lynch estima que o mercado de cibersegurança irá mais que dobrar de aproximadamente

US$ 75 bilhões em 2015 para US$ 170 bilhões até 2020, implicando uma taxa de crescimento anual de mais de 15% para essa indústria nos próximos cinco anos.[38] Também por causa dos modelos operacionais emergentes, talento e cultura deverão ser repensados à luz de novas competências e da necessidade de atrair e reter o tipo certo de capital humano. Conforme os dados se tornem essenciais para a tomada de decisão e para os modelos de funcionamento em toda a indústria, a força de trabalho passa a necessitar de novas competências, enquanto os processos precisam ser atualizados (por exemplo, para tirar proveito da disponibilidade de informações em tempo real) e as culturas, evoluídas.

Conforme mencionado, as empresas precisam adaptar-se ao conceito de "talentismo". Este é um dos mais importantes impulsionadores emergentes de competitividade. Em um mundo onde o talento é a forma dominante de vantagem estratégica, a natureza da estrutura organizacional deverá ser repensada. Hierarquias flexíveis, novas formas de medir e recompensar o desempenho, novas estratégias para atrair e reter os talentos competentes – esses fatores se tornarão a chave do sucesso organizacional. A capacidade de ser ágil tratará tanto sobre a motivação e a comunicação dos funcionários quanto sobre a definição das prioridades dos negócios e o gerenciamento de bens físicos.

Tenho a sensação de que as organizações bem-sucedidas passarão cada vez mais de estruturas hierárquicas para modelos mais colaborativos e em rede. A motivação será cada vez mais intrínseca, impulsionada pelo desejo colaborativo dos empregados e pela gestão para a maestria (*mastery*), independência e significado. Isso sugere que as empresas irão tornar-se cada vez mais organizadas em torno de equipes distribuídas, trabalhadores remotos e coletivos dinâmicos, com uma troca contínua de dados e conhecimentos sobre as coisas ou tarefas em andamento.

Um cenário de trabalho emergente que reflete essa mudança baseia-se na ascensão rápida da tecnologia vestível, combinada com a internet das coisas, que está progressivamente permitindo que as empresas misturem experiências físicas e digitais para beneficiar os trabalhadores, bem como os consumidores. Por exemplo, os trabalhadores que operam com equi-

---

38. Giles Turner, "Cybersecurity Index Beat S&P500 by 120%. Here's Why, in Charts", Money Beat, *The Wall Street Journal*, 9 set. 2015. Disponível em: http://blogs.wsj.com/moneybeat/2015/09/09/cybersecurity-index-beats-sp-500-by-120-heres-why-in-charts/.

pamentos altamente complexos ou em situações difíceis podem usar as tecnologias vestíveis para ajudar a projetar e reparar componentes. Os *downloads* e atualizações para as máquinas conectadas garantem que ambos os trabalhadores da área e os equipamentos que usam estejam atualizados com os últimos desenvolvimentos. No mundo da quarta revolução industrial, onde a prática padrão é a atualização do *software* com base na nuvem e atualização dos bens de dados através da nuvem, será ainda mais importante garantir que os seres humanos e suas competências mantenham-se no mesmo ritmo.

Fusão dos mundos digitais, físicos e biológicos

As empresas capazes de combinar múltiplas dimensões – digitais, físicas e biológicas – muitas vezes conseguem descontinuar uma indústria inteira e seus sistemas de produção, distribuição e consumo relacionados.

Em muitas cidades, a popularidade do aplicativo Uber começa com a melhor experiência do cliente – acompanhamento da posição do carro através de um dispositivo móvel, uma descrição dos padrões do carro e um processo de pagamento dinâmico, evitando atrasos para chegar ao destino. A experiência tem sido aprimorada com o produto físico (transporte de uma pessoa de A a B), otimizando a utilização do ativo (o carro possuído pelo motorista). Em tais casos, muitas vezes, as oportunidades digitais não são apenas traduzidas em preços mais elevados ou custos mais baixos, mas também em uma mudança fundamental do modelo de negócios. Isso é orientado por uma abordagem de ponta a ponta, desde a aquisição do serviço até sua entrega.

Esses modelos de negócios com base na combinação ilustram o grau de ruptura que ocorre quando os bens digitais e combinações interessantes de plataformas digitais existentes são utilizados para reorganizar as relações com os bens físicos (marcando uma mudança notável: da propriedade para o acesso). Em seus mercados, nenhuma empresa detém os ativos: um motorista do carro é o dono do carro e o disponibiliza; o proprietário de um imóvel disponibiliza um quarto de sua casa. Em ambos os casos, a vantagem competitiva é construída a partir de uma experiência superior, combinada com a redução dos custos de transação e fricção. Além disso, essas empresas combinam a procura e a demanda de forma rápida e conveniente, evitando os modelos de negócios dos operadores estabelecidos.

Essa abordagem de mercado corrói gradualmente a posição há muito estabelecida pelos operadores históricos e desmantela os limites existentes entre as indústrias. Muitos executivos sêniores acreditam que a convergência industrial será o principal impacto a seus negócios nos próximos três a cinco anos.[39] Assim que um cliente estabelece um histórico de confiança na plataforma, o provedor digital passa a, facilmente, oferecer outros produtos e serviços.

Os concorrentes velozes provocam uma desagregação dos silos e cadeias de valor da indústria mais tradicional, e a relação existente entre as empresas e seus clientes deixa de precisar de intermediários. Novos disruptores podem crescer rapidamente com um custo muito menor do que os operadores, gerando no processo um rápido crescimento nos seus retornos financeiros através de efeitos de rede. A evolução da Amazon – de editora a um conglomerado de venda ao consumidor que ganha US$ 100 bilhões ao ano – mostra como a fidelização de clientes, combinada com o conhecimento de suas preferências e uma sólida administração, pode levar uma empresa a realizar vendas em várias indústrias. Ela também demonstra os benefícios da escala.

Em quase todas as indústrias, as tecnologias digitais criaram novas formas disruptoras de combinar produtos e serviços – e, nesse processo, dissolveram as fronteiras tradicionais entre as indústrias. Na área automotiva, o carro agora é um computador sobre rodas, sua parte eletrônica representa aproximadamente 40% do custo de um carro. A decisão da Apple e do Google de entrar no mercado automotivo mostra que uma empresa de tecnologia pode agora se transformar em uma empresa automobilística. No futuro, com a mudança do valor para os componentes eletrônicos, a tecnologia e o licenciamento de *software* podem revelar-se estrategicamente mais vantajosos do que a fabricação do carro em si.

O setor de finanças está passando por um período semelhante de mudanças disruptivas. As plataformas P2P (*peer-to-peer*) estão, atualmente, derrubando as barreiras à entrada e reduzindo os custos. Na área de investimentos empresariais, os novos algoritmos de consultoria robotizada (*robo-advisory*) e suas aplicações correspondentes fornecem serviços de consultoria e ferramentas de portfólio por uma fração do velho custo de transação – 0,5% em vez dos tradicionais 2%, ameaçando, assim,

---

39. IBM, "Redefining Boundaries: Insights from the Global C-Suite Study", nov. 2015. Disponível em: http://www-935.ibm.com/services/c-suite/study/.

um segmento inteiro da atual indústria financeira. A indústria também está ciente de que o *blockchain* irá, em breve, revolucionar sua forma de funcionamento porque as possíveis aplicações financeiras dessa tecnologia poderão reduzir os custos de transações e liquidação em até US$ 20 bilhões e transformar a maneira como a indústria funciona. A tecnologia de banco de dados compartilhado pode simplificar várias atividades, como o armazenamento das contas dos clientes, os pagamentos internacionais e as compensações e liquidações comerciais, bem como produtos e serviços que ainda não existem, como os contratos inteligentes de futuros que seriam autoexecutáveis sem a necessidade de um intermediário (por exemplo, um derivativo de crédito que paga automaticamente quando um país ou empresa descumpre suas obrigações).

O setor de saúde também se vê frente ao desafio de incorporar avanços simultâneos em tecnologias físicas, biológicas e digitais, pois o desenvolvimento de novas abordagens de diagnósticos e terapias coincide com o impulso de digitalização dos registros de pacientes e de capitalizar sobre a riqueza de informações que poderão ser obtidas por dispositivos vestíveis e tecnologias implantáveis.

Nem todas as indústrias estão no mesmo ponto de ruptura, mas todas estão sendo levadas a uma curva de transformações pelas forças da quarta revolução industrial. Existem diferenças dependendo do tipo de indústria e do perfil demográfico da base de clientes. Mas em um mundo caracterizado pela incerteza, a capacidade de adaptação é fundamental – quando uma empresa é incapaz de mover-se na curva, ela corre o risco de ser lançada para fora dela.

As empresas que sobreviverem ou prosperarem precisarão manter e aprimorar continuamente sua vantagem inovadora. Empresas, indústrias e corporações enfrentarão pressões darwinianas contínuas e, como tal, a filosofia "para sempre na versão beta" (sempre evoluindo) vai se tornar mais predominante. Isso sugere que o número global de empreendedores e "intrapreneurs" (gestores de empresa empreendedora, empreendedores internos ou intraempreendedores) irá aumentar. Pequenas e médias empresas terão a vantagem da velocidade e a agilidade necessária para lidar com as rupturas e as inovações.

As grandes organizações, por outro lado, sobreviverão por meio de suas vantagens de escala e investindo em seu ecossistema de *startups* e PMEs pela aquisição e parceria de empresas menores e mais inovadoras.

Isso irá permitir que elas mantenham sua autonomia em seus respectivos negócios, permitindo também que suas operações sejam mais eficientes e ágeis. A recente decisão do Google em reorganizar-se em uma empresa chamada Alphabet é um exemplo claro dessa tendência, impulsionada pela necessidade de sustentar o seu caráter inovador e manter sua agilidade. Por fim, conforme detalharei na próxima seção, o quadro normativo e legislativo irá moldar de maneira significativa a forma como os pesquisadores, as empresas e os cidadãos desenvolvem, investem e adotam as novas tecnologias e modelos operacionais que lhes permitam criar valor para os usuários. Se por um lado as novas tecnologias e as empresas inovadoras oferecem novos produtos e serviços que poderiam melhorar a vida de muitos, por outro, essas mesmas tecnologias e sistemas que os suportam também poderiam criar impactos indesejáveis, desde o desemprego generalizado e a maior disparidade da desigualdade, tópicos discutidos anteriormente, até os perigos de sistemas automatizados de armas e novos ciber-riscos.

Enquanto há variações nas perspectivas sobre a combinação certa de regulamentos, minhas conversas com governos, empresas e líderes da sociedade civil indicam que eles compartilham o mesmo objetivo geral: criar ecossistemas normativos e legislativos ágeis e responsáveis que permitam o progresso das inovações, minimizando seus riscos para garantir a estabilidade e a prosperidade da sociedade.

Quadro B
Renovação e preservação ambiental

A convergência dos mundos físico, digital e biológico, que está no cerne da quarta revolução industrial, oferece oportunidades significativas para que o mundo obtenha enormes ganhos em eficiência e utilização de recursos. Conforme mostrado pelo Projeto MainStream, uma iniciativa do Fórum Econômico Mundial para acelerar a transição para a economia circular, a promessa não é apenas que indivíduos, organizações e governos possam causar menor impacto ao mundo natural, mas também sobre o grande potencial que eles têm para restaurar e regenerar o nosso ambiente natural por meio da utilização de tecnologias e projetos de sistemas inteligentes.

No coração dessa promessa está a oportunidade de tirar as empresas e os consumidores do modelo linear "pegar-fazer-eliminar" de utilização dos recursos – que confia nas grandes quantidades de recursos facilmente acessíveis – e trazê-los para um novo modelo industrial em que os fluxos eficazes de materiais, energia, trabalho e, agora, informações interagem uns com os outros e promovem, por seu próprio projeto, um sistema econômico restaurador, regenerativo e mais produtivo.

Há quatro caminhos que nos ajudariam a chegar lá. Em primeiro lugar, graças à internet das coisas (IoT) e aos bens inteligentes, agora é possível rastrear materiais e fluxos de energia, a fim de alcançar novas e grandes eficiências ao longo de toda a cadeia de valor. Dos US$ 14,4 trilhões em vantagens econômicas que a Cisco estima que serão gerados pela IoT na próxima década, US$ 2,7 trilhões desse valor podem ser adquiridos a partir da eliminação do lixo e da melhoria dos processos nas cadeias de fornecimento e logística. As soluções em IoT podem reduzir 9,1 bilhões de toneladas das emissões dos gases de efeito estufa até 2020, representando 16,5% do total previsto para aquele ano.[40]

Em segundo lugar, a democratização da informação e a transparência inerentes aos bens digitalizados oferecem novos poderes aos cidadãos para que empresas e países mantenham-se responsáveis. Tecnologias como as do *blockchain* ajudarão a tornar essas informações mais confiáveis, capturando e certificando, por exemplo, os dados de desmatamentos monitorados por satélites em um formato seguro para responsabilizar corretamente os donos dessas áreas.

Em terceiro, os fluxos de novas informações e a crescente transparência podem ajudar a modificar o comportamento dos cidadãos em grande escala, pois se tornam o caminho de menor resistência de um novo conjunto de normas comerciais e sociais de um sistema sustentável e circular. A convergência fecunda entre a economia e a psicologia tem produzido mais conhecimento sobre como percebemos o mundo, como nos comportamos e justificamos nosso comportamento, enquanto, ao mesmo tempo, vários testes de controle de aleatoriedade

---

40. Global e-Sustainability Initiative and The Boston Consulting Group, Inc., "GeSI SMARTer 2020: the Role of ICT in Driving a Sustainable Future", dez. 2012. Disponível em: http://gesi.org/SMARTer2020.

em larga escala conduzidos por governos, corporações e universidades mostram que isso pode funcionar. Um exemplo é o OPower, que usa a comparação entre os pares para que as pessoas consumam menos eletricidade, protegendo assim o meio ambiente e reduzindo os custos. Em quarto lugar, conforme detalhado na seção anterior, novos negócios e modelos organizacionais prometem formas inovadoras de criação e compartilhamento de valor, que por sua vez levam a mudanças em todo o sistema que podem fortemente beneficiar tanto o mundo natural quanto nossas economias e sociedades. Os veículos sem condutores, a economia compartilhada e os modelos de locação, todos resultam em taxas mais elevadas de utilização dos bens e facilitam muito a coleta, o reuso e a transformação (*upcycle*) de materiais no momento apropriado.

A quarta revolução industrial permitirá que as empresas estendam o ciclo de utilização de bens e recursos, aumentem sua utilização e criem cascatas que recuperem e readaptem materiais e energia para outros usos, reduzindo, assim, as emissões e as cargas de recursos. Nesse novo e revolucionário sistema industrial, o dióxido de carbono deixa de ser um poluente do efeito estufa e transforma-se em um bem; os aspectos econômicos da captura e armazenamento do carbono deixam de ser reservatórios de custos e poluentes e passam a funcionar como instalações rentáveis de captura de carbono e uso da produção. Ainda mais importante, irá ajudar as empresas, governos e cidadãos a se tornarem mais conscientes e engajados com estratégias para regenerar o capital natural de forma vigorosa, possibilitando o uso inteligente e regenerativo do capital natural que orientará o consumo e a produção sustentáveis e dará espaço para a recuperação da biodiversidade em áreas ameaçadas.

3.3 Nacional e global

As rupturas trazidas pela quarta revolução industrial estão redefinindo o funcionamento de instituições e organizações. Em particular, elas obrigam os governos – nos níveis regionais, nacionais e locais – a se adaptarem, reinventando-se e encontrando novas formas de colaboração com seus cidadãos e com o setor privado. Elas também afetam como países e governos se relacionam entre si.

Nesta seção, irei explorar o papel que deve ser assumido pelos governos para que consigam dominar a quarta revolução industrial e, ao mesmo tempo, reconhecer as forças duradouras que estão mudando a percepção e o papel tradicional deles na sociedade. O aumento do empoderamento do cidadão e a maior fragmentação e polarização das populações poderiam resultar em sistemas políticos mais difíceis de serem governados e governos menos eficazes. Isso é particularmente importante, pois ocorre em um momento em que os governos deveriam ser parceiros essenciais da transição para novos quadros científicos, tecnológicos, econômicos e sociais.

3.3.1 Governos

Ao avaliar o impacto da quarta revolução industrial aos governos, o primeiro que vem à mente é o uso das tecnologias digitais para governar melhor. O uso mais intenso e inovador das tecnologias em rede ajuda as administrações públicas a modernizar suas estruturas e funções para melhorar seu desempenho global, como o fortalecimento dos processos de governança eletrônica para promover maior transparência, responsabilização e compromissos entre o governo e os seus cidadãos. Os governos devem também se adaptar ao fato de que o poder também está passando dos atores estatais para os não estatais e de instituições estabelecidas para redes mais abertas. As novas tecnologias e os agrupamentos sociais e interações que elas promovem permitem que praticamente qualquer pessoa exerça influência de maneira que teria sido inconcebível há apenas alguns anos.

Os governos estão entre os mais impactados por essa natureza cada vez mais transitória e evanescente do poder. Segundo Moisés Naím, "no século XXI, será mais fácil chegar ao poder, mais difícil usá-lo e mais fácil perdê-lo"[41]. Pouco se duvida de que é mais difícil governar hoje que no passado. Com poucas exceções, os políticos têm encontrado maior dificuldade para realizar mudanças. Seu poder sofre limitações dos centros de poder rival, que podem ter origem transnacional, regional, local e até

---

41. Moisés Naím, *The End of Power: from Boardrooms to Battlefields and Churches to States, Why Being in Charge Isn't What It Used to Be*, Basic Books, 2013. O livro atribui o fim do poder a três revoluções: a revolução do "mais", a revolução da mobilidade e a revolução da mentalidade. É bom ter cuidado para não identificar o papel da tecnologia da informação como predominante, mas não há dúvida de que as revoluções do "mais", da mobilidade e da mentalidade devem muito à era digital e à difusão de novas tecnologias.

mesmo de indivíduos. Atualmente, os micropoderes são capazes de impor limitações aos macropoderes como, por exemplo, os governos nacionais.

A era digital prejudicou muitas das barreiras que eram usadas para proteger a autoridade pública, tornando os governos muito menos eficientes ou eficazes, pois os governados, ou o público, estão mais bem informados e cada vez mais exigentes em suas expectativas. A saga do grupo WikiLeaks – o confronto entre uma entidade não estatal e minúscula e um Estado gigantesco – ilustra a assimetria do novo paradigma de poder e a erosão da confiança que muitas vezes é inerente a ela.

Se quiséssemos explorar todos os impactos multifacetados da quarta revolução industrial aos governos, precisaríamos escrever um livro inteiro somente sobre o tema, mas o ponto-chave é este: a tecnologia, cada vez mais, tornará os cidadãos mais aptos, oferecendo uma nova maneira de expressar suas opiniões, coordenar seus esforços e possivelmente contornar a supervisão estatal. Digo "possivelmente", porque o oposto pode muito bem acontecer, isto é, novas tecnologias de vigilância podem dar origem a autoridades públicas com excesso de poder em suas mãos.

Estruturas paralelas serão capazes de transmitir ideologias, recrutar seguidores coordenar ações a favor – e contra – os sistemas de governo oficiais. Os governos, em sua forma atual, serão forçados a mudar à medida que seu papel central de conduzir a política ficar cada vez menor devido aos crescentes níveis de concorrência e à redistribuição e descentralização do poder que as novas tecnologias tornam possíveis. Cada vez mais, os governos serão vistos como centros de serviços públicos, avaliados por suas capacidades de entregar seus serviços expandidos de forma mais eficiente e individualizada.

Em última análise, a capacidade de adaptação dos governos irá determinar sua sobrevivência. Eles resistirão se abraçarem um mundo de mudanças exponencialmente disruptivas e se submeterem suas estruturas aos níveis de transparência e eficiência que podem ajudá-los a manter suas vantagens competitivas. Ao agir assim, no entanto, eles serão completamente transformados em células de energia muito mais enxutas e eficientes, tudo dentro de um ambiente de concorrência e novas estruturas de poder.

De modo semelhante às revoluções industriais anteriores, os regulamentos irão desempenhar um papel decisivo na adaptação e na difusão de novas tecnologias. Entretanto, os governos serão forçados a mudar sua abordagem quando se trata de criação, revisão e aplicação dos regulamentos. No "velho mundo", os decisores tinham tempo suficiente para estudar uma questão específica e, em seguida, criar a resposta necessária ou o quadro regulamentar adequado. O processo tendia a ser linear e mecanicista, seguindo uma rigorosa abordagem de cima para baixo. Por uma variedade de razões, isso não é mais possível.

Por causa do ritmo acelerado das mudanças desencadeadas pela quarta revolução industrial, os reguladores estão sendo desafiados a um grau sem precedentes. Atualmente, as autoridades políticas, legislativas e reguladoras são muitas vezes ultrapassadas pelos acontecimentos, incapazes de lidar com a velocidade da mudança tecnológica e a importância de suas implicações. O ciclo de notícias de 24 horas pressiona os líderes a comentar os eventos ou agir imediatamente, reduzindo o tempo disponível para obter respostas calculadas, valoradas e calibradas. Há um perigo real de perda de controle sobre os temas importantes, especialmente em um sistema global, com quase 200 Estados independentes e milhares de línguas e culturas diferentes.

Em tais condições, como poderiam legisladores e reguladores oferecer apoio aos avanços tecnológicos sem sufocar a inovação, preservando o interesse dos consumidores e do público em geral? A resposta está na governança ágil (ver Quadro C: Os princípios da governança ágil em tempos de ruptura).

Muitos avanços tecnológicos existentes hoje não recebem considerações apropriadas nos quadros regulamentares atuais e isso poderá, até mesmo, interromper o contrato social estabelecido pelos governos com seus cidadãos. Pela governança ágil, os reguladores devem encontrar formas contínuas de adaptação a um ambiente novo e em rápida mudança, reinventando-se para entender melhor o que estão regulamentando. Para fazer isso, governos e agências reguladoras precisam colaborar estreitamente com as empresas e com a sociedade civil para conseguir dar forma às necessárias transformações globais, regionais e industriais.

A governança ágil não implica incerteza regulamentar, nem atividade frenética e incessante por parte dos decisores políticos. Não devemos cometer o erro de pensar que estamos presos entre dois quadros legislativos igualmente intragáveis – de um lado, os desatualizados, mas estáveis e, do outro, os atualizados, mas voláteis. Na era da quarta revolução industrial, não precisamos necessariamente de mais políticas (ou de políticas mais rápidas), mas de um ecossistema normativo e legislativo que possa produzir quadros mais resilientes. A abordagem poderia ser reforçada pela criação de espaço para a quietude para refletirmos sobre as decisões importantes. O desafio é fazer que essa deliberação seja muito mais produtiva do que aquilo que ocorre atualmente, infundindo-a com previsões para dar às inovações o máximo de espaço para que possam emergir.

Em resumo, em um mundo onde as funções públicas essenciais, a comunicação social e as informações pessoais migram para plataformas digitais, os governos – em colaboração com a sociedade civil e empresarial – precisam criar regras, pesos e contrapesos para manter a justiça, a competitividade, a equidade, a propriedade intelectual inclusiva, a segurança e a confiabilidade.

Há duas abordagens conceituais. Na primeira, tudo o que não é explicitamente proibido é permitido. Na segunda, tudo o que não é explicitamente permitido é proibido. Os governos devem misturar essas abordagens. Devem aprender a colaborar e a adaptar-se, garantindo que o ser humano continue a ser o centro de todas as decisões. Esse é o desafio dos governos, que nunca foram tão necessários quanto nessa quarta revolução industrial: eles devem deixar que as inovações floresçam, enquanto minimizam os riscos.

Para conseguir isso, os governos deverão envolver os cidadãos de forma mais eficaz e realizar experimentos políticos que permitam a aprendizagem e a adaptação. Por essas duas tarefas, governos e cidadãos devem repensar sobre suas respectivas funções e sobre sua interação mútua, elevando simultaneamente suas expectativas enquanto, ao mesmo tempo, reconhecem de maneira explícita a necessidade de incorporar múltiplas perspectivas e aceitar as falhas e os erros que ocorrerão ao longo do caminho.

Quadro C
Os princípios da governança ágil
em tempos de ruptura

Mercado de trabalho

As tecnologias digitais e a infraestrutura de comunicação global alteram significativamente os conceitos tradicionais de trabalho e remuneração, possibilitando o surgimento de novos tipos de empregos extremamente flexíveis e inerentemente transitórios (economia sob demanda). Enquanto esses novos postos de trabalho permitem que as pessoas tenham horários de trabalho mais flexíveis e possam desencadear uma nova onda de inovações no mercado de trabalho, eles também suscitam preocupações importantes no que se refere ao reduzido grau de proteção no contexto da economia sob demanda, em que cada trabalhador passa a ser essencialmente um contratado temporário, sem as vantagens da segurança e longevidade empregatícia.

Dinheiro e tributação

A economia sob demanda também está levantando sérias questões em matéria de cobrança de impostos, pois o mercado negro se torna muito mais fácil e atraente para os trabalhadores temporários. Se, por um lado, os sistemas digitais de mediação de pagamentos tornam as transações e as microtransações mais transparentes, por outro, atualmente têm surgido novos sistemas de pagamentos mais descentralizados que podem criar muitos obstáculos para que os poderes públicos e os atores privados consigam rastrear a origem e o destino dessas transações.

Responsabilidade e proteção

Os monopólios concedidos pelo governo (por exemplo, a indústria de táxis, os médicos) têm, a bastante tempo, sido justificados pelo fato de certos tipos de profissões de alto risco precisarem de maior grau de controle e por somente poderem ser exercidas por profissionais licenciados, a fim de garantir um grau adequado de segurança e proteção ao consumidor. Há rupturas, atualmente, em muitos desses monopólios do governo, causadas pelos avanços tecnológicos que permitem que as pessoas interajam umas com as outras em uma base *peer-to-peer* e pelo surgimento de novos intermediários, responsáveis pela coordenação dos pares e pela facilitação de suas interações.

Segurança e privacidade

Apesar do caráter transnacional da internet e da crescente economia global, os direitos aos dados e os regulamentos de proteção de dados são ainda muito fragmentados. As regras sobre a coleta, processamento e revenda de dados pessoais estão bem definidas na Europa, mas ainda são fracas ou inexistentes em muitas outras jurisdições. A agregação de grandes bancos de dados está possibilitando que os grandes operadores *on-line* deduzam mais informações do que aquelas fornecidas (implícita ou explicitamente) pelos usuários. A caracterização do perfil dos usuários por meio da análise de grandes volumes de dados e inferências técnicas está abrindo caminho para novos serviços, muito mais personalizados e adaptados, que podem beneficiar os usuários e consumidores, mas que também criam preocupações importantes quando se trata da privacidade do usuário e da autonomia individual. Dado o aumento das preocupações sobre os cibercrimes e roubo de identidade, em muitas jurisdições, o equilíbrio entre segurança e liberdade está sendo rapidamente derrubado no sentido da maior monitorização, como mostrado por revelações trazidas à luz por Edward Snowden, o analista norte-americano de inteligência que vazou documentos relativos às operações de segurança nacional dos EUA.

Disponibilidade e inclusão

Conforme a economia global se desloca para o reino digital, a disponibilidade de infraestrutura confiável de internet torna-se um pré-requisito essencial para o florescimento econômico. Os governos precisam entender o potencial fornecido por esses avanços tecnológicos. Além de precisarem adotar essas tecnologias para otimizar suas operações internas, também precisam promover e apoiar sua implantação e seu uso generalizado para avançar rumo a uma sociedade da informação globalmente conectada. A solução do problema da exclusão digital (ou fosso digital) torna-se urgente, pois a dificuldade de se participar da economia digital e das novas formas de engajamento cívico sem que haja um acesso adequado à internet e/ou sem ter acesso a um dispositivo conectado ou conhecimento suficiente para usar o dispositivo é crescente.

Assimetrias de poder

Na sociedade da informação atual, as assimetrias de informações podem levar a grandes assimetrias de poder, pois aquele que detém o conhecimento necessário para operar a tecnologia também detém o poder para operá-la. Uma entidade com acesso *root* (acesso total) é quase onipotente. No entanto, dada a complexidade para a plena compreensão dos aspectos técnicos subjacentes e potenciais das tecnologias modernas, é possível que surjam desigualdades crescentes entre indivíduos conhecedores da tecnologia – que compreendem e controlam essas tecnologias – e aqueles que a conhecem menos – os usuários passivos de uma tecnologia que não entendem.

Fonte: "A Call for Agile Governance Principles in an Age of Disruption", Global Agenda Council on Software & Society, World Economic Forum, nov. 2015.

3.3.2 Países, regiões e cidades

A tecnologia digital não conhece fronteiras; por isso, muitas perguntas vêm à mente quando se considera o impacto geográfico da tecnologia e o impacto da geografia na tecnologia. O que irá definir os papéis de países, regiões e cidades na quarta revolução industrial? A Europa Ocidental e os EUA irão liderar a transformação, como fizeram nas revoluções industriais anteriores? Quais países conseguirão mergulhar nela? Será que haverá uma colaboração maior e mais eficaz para a melhoria da sociedade, ou veremos uma maior fragmentação não só dentro dos países, mas também entre os países? Em um mundo onde bens e serviços podem ser produzidos quase em qualquer lugar e no qual grande parte da procura por trabalhos menos qualificados e de baixos salários será substituída pela automação, será que as pessoas que podem pagar se reunirão em países com instituições fortes e de comprovada qualidade de vida?

Regulamento para a inovação

Ao tentar responder a essas perguntas, uma coisa fica bem clara e possui grande importância: os países e as regiões que conseguirem estabelecer as melhores normas internacionais para o futuro em relação às principais categorias e campos da nova economia digital (comunicações 5G, o uso de *drones* comerciais, a internet das coisas, a saúde digital, manufaturas avançadas e assim por diante) colherão grandes benefícios econômicos e financeiros. Em contraste, os países que apenas promoverem suas próprias normas e regras para oferecer vantagens aos produtores nacionais, que impedirem a entrada de concorrentes estrangeiros e que reduzirem os *royalties* pagos pelas empresas nacionais às tecnologias estrangeiras correm o risco de ficarem isolados das normas internacionais e de se tornarem os retardatários da nova economia digital.[42]

Conforme mencionado anteriormente, a ampla questão da legislação nacional ou regional e sua conformidade irá desempenhar um papel determinante na formação do ecossistema em que as empresas disruptoras trabalham. Isso, às vezes, leva os países a baterem de frente uns com os outros.

---

42. A afirmação é feita e desenvolvida em: "The Middle Kingdom Galapagos Island Syndrome: the Cul-De-Sac of Chinese Technology Standards", Information Technology and Innovation Foundation (ITIF), 15 dez. 2014. Disponível em: http://www.itif.org/publications/2014/12/15/middle-kingdom-galapagos-island-syndrome-cul-de-sac-chinese-technology.

Um bom exemplo disso foi a decisão do Tribunal de Justiça Europeu de outubro de 2015 em considerar inválido o acordo "porto seguro" (*safe harbour*) que permitiria o fluxo de dados pessoais entre os Estados Unidos e a União Europeia (UE). Isso aumentará os custos de compliance que as empresas incorrem ao fazer negócios na Europa e se tornará uma questão contenciosa entre os continentes.

Esse exemplo reforça a importância crescente dos ecossistemas de inovação como o principal gerador de competitividade. Olhando para o futuro, as distinções entre países de alto e baixo custo, ou entre mercados maduros e emergentes, serão menos importantes. Em vez disso, a principal questão será saber se a economia é capaz de inovar.

Hoje, por exemplo, as empresas norte-americanas continuam sendo as mais inovadoras do mundo em praticamente todos os índices. Elas atraem grandes talentos, ganham a maioria das patentes, dominam a maior parte do capital de risco do mundo e, quando são de capital aberto, são superavaliadas no mercado. Isso é ainda mais reforçado pelo fato de que a América do Norte está na vanguarda de quatro revoluções tecnológicas sinergéticas: inovação na produção de energia, alimentada pela tecnologia; fabricação avançada e digital; ciências biológicas; e tecnologia da informação.

E enquanto a América do Norte e a UE, que incluem algumas das economias mais inovadoras, vão à frente, outras partes do mundo estão emparelhando rapidamente com esses países. As estimativas do desempenho em inovações da China, por exemplo, aumentaram em 2015 para 49% do nível da UE (contra 35% em 2006) a partir da mudança do modelo econômico do país, concentrando-se mais em serviços e inovações.[43] Mesmo considerando que o progresso da China tenha surgido de um nível

---

43. "Innovation Union Scoreboard 2015", European Commission, 2015. Disponível em: http://ec.europa.eu/growth/industry/innovation/facts-figures/scoreboards/files/ius-2015_en.pdf. A avaliação utilizada no Innovation Union Scoreboard (IUS, Painel da União da Inovação) distingue entre três tipos principais de indicadores e oito dimensões de inovação, somando 25 diferentes indicadores. Os "viabilizadores" capturam os principais fatores do desempenho inovador externos à empresa que cobrem três dimensões da inovação: recursos humanos; sistemas de pesquisa abertos, com excelência e atraentes; e financiamento e apoio. As "atividades das empresas" capturam os esforços de inovação das empresas europeias; estão agrupadas em três dimensões de inovação: investimentos; ligações e empreendedorismo; e os ativos intelectuais. "Resultados" cobrem os efeitos das atividades inovadoras das empresas em duas dimensões de inovação: os inovadores e os efeitos econômicos.

relativamente baixo, o país está continuamente entrando em segmentos com valores agregados mais elevados na produção global e empregando suas importantes economias de escala para melhor competir no mundo.[44]

Em geral, isso mostra que as escolhas de políticas públicas irão decidir se determinado país ou região conseguirá capitalizar todas as oportunidades oferecidas pela revolução tecnológica.

Regiões e cidades como polos de inovação

Estou particularmente preocupado com o efeito que a automação terá em alguns países e regiões, particularmente aqueles em mercados de rápido crescimento e países em desenvolvimento, onde ela pode corroer de forma repentina as vantagens comparativas que possuem para a produção de bens e serviços que dependem de mão de obra intensiva. Esse cenário poderia devastar as economias de alguns países e regiões que atualmente estão prosperando.

É claro que países e regiões não podem florescer se suas cidades (ecossistemas de inovação) não são continuamente alimentadas. As cidades têm sido os motores do crescimento econômico, da prosperidade e do progresso social ao longo da história e serão essenciais para a competitividade futura de nações e regiões. Atualmente, mais da metade da população mundial vive em áreas urbanas, que variam entre cidades de médio porte e megacidades; o número de habitantes urbanos do mundo continua aumentando. Muitos fatores que afetam a competitividade de países e regiões – desde inovação e educação até a administração pública e a infraestrutura – estão sob a alçada das cidades.

A velocidade e a amplitude com que as cidades absorvem e implantam tecnologias, apoiadas por estruturas políticas ágeis, irão determinar a sua capacidade de atrair talentos. A implantação de uma banda larga com ultravelocidade, o estabelecimento de tecnologias digitais no transporte, o consumo de energia, a reciclagem e assim por diante ajudarão a tornar uma cidade mais eficiente e mais inclusiva e, dessa forma, mais atrativa do que as outras.

Portanto, é fundamental que cidades e países ao redor do mundo concentrem-se em garantir o acesso e a utilização de tecnologias da informa-

---

44. Fórum Econômico Mundial, *Collaborative Innovation – Transforming Business, Driving Growth*, ago. 2015. Disponível em: http://www3.weforum.org/docs/WEF_Collaborative_Innovation_report_2015.pdf.

ção e comunicação, das quais depende grande parte da quarta revolução industrial. Infelizmente, conforme mostrado pelo Fórum Econômico Mundial no *Global 2015 Information Technology Report*, as infraestruturas de TI e Comunicações não são tão predominantes nem se difundem de maneira tão rápida conforme imaginado por muitas pessoas. "Metade da população mundial não tem telefone celular e 450 milhões de pessoas ainda vivem fora do alcance dos sinais de celular. Cerca de 90% da população dos países de baixa renda e mais de 60% em todo mundo ainda não está *on-line*. Por fim, a maioria dos telefones celulares são de uma geração mais antiga."[45]

Os governos deverão, portanto, imaginar formas de acabar com o fosso digital dos países em todas as fases de desenvolvimento para garantir que as cidades e os países tenham a infraestrutura básica necessária para criar oportunidades econômicas e prosperidade compartilhada que é possível por meio dos novos modelos de colaboração, eficiência e empreendedorismo.

O trabalho do fórum sobre *Data-Driven Development* (Desenvolvimento por meio dos dados) destaca que o acesso à infraestrutura digital não é tudo o que importa para poder aproveitar essas oportunidades. A abordagem do "déficit de dados" também é crucial para muitos países, particularmente no hemisfério sul, em virtude das limitações sobre como os dados podem ser criados, coletados, transmitidos e utilizados. Fechar as quatro "lacunas" que contribuem para este déficit – sua existência, o acesso, a governança e a usabilidade – oferece aos países, regiões e cidades competências adicionais que podem melhorar seu desenvolvimento; por exemplo, o acompanhamento do surto de doenças infecciosas, melhores respostas às catástrofes naturais, aumento do acesso aos serviços públicos e financeiros para os pobres e compreensão dos padrões de migração das populações vulneráveis.[46]

Países, regiões e cidades podem fazer mais do que simplesmente alterar seu ambiente regulatório. Eles podem investir fortemente para se transformarem em plataformas de lançamento da transformação digital, a fim de atrair e incentivar empresários e investidores de *startups* inovadoras,

---

45. Fórum Econômico Mundial, *Global Information Technology Report 2015: ICTs for Inclusive Growth*, Soumitra Dutta, Thierry Geiger e Bruno Lanvin (eds.), 2015.
46. Fórum Econômico Mundial, *Data-Driven Development: Pathways for Progress*, jan. 2015. Disponível em: http://www3.weforum.org/docs/WEFUSA_DataDrivenDevelopment_Report2015.pdf.

garantindo também que as empresas estabelecidas passem a buscar as oportunidades da quarta revolução industrial À medida que as empresas jovens e dinâmicas e as empresas estabelecidas se conectam umas com as outras, com os cidadãos e com as universidades, as cidades tornam-se locais de experimentação e poderosos polos para transformar novas ideias em valor real para as economias locais e globais.

De acordo com a Nesta, uma empresa de inovação e sem fins lucrativos do Reino Unido, as cinco melhores cidades do mundo em termos de ambiente de políticas mais eficazes para promover a inovação são: Nova York, Londres, Helsinque, Barcelona e Amsterdam.[47] O estudo da Nesta mostra que essas cidades em particular conseguiram encontrar maneiras criativas para efetuar a mudança fora da arena política formal, por já serem normalmente abertas e por agirem mais como empresárias do que burocratas. Todos os três critérios dão origem aos melhores exemplos que vemos hoje no mundo e que são igualmente aplicáveis às cidades em mercados emergentes e países em desenvolvimento. Medellín, na Colômbia, foi homenageada com o prêmio Cidade do Ano em 2013, reconhecendo suas abordagens inovadoras em mobilidade e sustentabilidade ambiental, ganhando das outras finalistas, Nova York e Tel Aviv.[48]

Em outubro de 2015, o Conselho da Agenda Global do Fórum Econômico Mundial sobre o Futuro das Cidades divulgou um relatório destacando exemplos de cidades ao redor do mundo que estavam buscando soluções inovadoras para uma variedade de problemas (ver Quadro D: Inovações urbanas).[49] Este trabalho indica que a quarta revolução industrial é única, gerada por uma rede mundial de cidades inteligentes (orientada por rede), países e *clusters* regionais, que entendem e aproveitam as oportunidades dessa revolução – de cima para baixo e de baixo para cima –, atuando numa perspectiva holística e integrada.

---

47. Tom Saunders e Peter Baeck, "Rethinking Smart Cities From the Ground Up", Nesta, jun. 2015. Disponível em: https://www.nesta.org.uk/sites/default/files/rethinking_smart_cities_from_ the_ground_up_2015.pdf.
48. Carolina Moreno, "Medellin, Colombia Named 'Innovative City Of The Year' In WSJ And Citi Global Competition", *Huffington Post*, 2 mar. 2013. Disponível em: http://www.huffingtonpost. com/2013/03/02/medellin-named-innovative-city-of-the-year_n_2794425.html.
49. Fórum Econômico Mundial, *Top Ten Urban Innovations*, Global Agenda Council on the Future of Cities, out. 2015. Disponível em: http://www3.weforum.org/docs/Top_10_Emerging_Urban_ Innovations_report_2010_20.10.pdf.

Quadro D
Inovações urbanas

Espaço reprogramável de forma digital: os edifícios poderão mudar sua finalidade instantaneamente para servir como teatro, ginásio, centro social, boate ou qualquer outra coisa, minimizando assim a pegada urbana total. Isso permitirá que as cidades obtenham mais por menos.

***"Waternet"*, internet das águas:** a internet das tubulações irá utilizar sensores nos sistemas hídricos para monitorar seus fluxos e, assim, gerenciar todo o ciclo, fornecendo água sustentável para as necessidades humanas e ecológicas.

Adoção de árvore através das redes sociais: estudos mostram que o aumento das áreas verdes de uma cidade em 10% poderia compensar o aumento da temperatura causado pelas mudanças climáticas: a vegetação ajuda a bloquear a radiação de ondas curtas e, ao mesmo tempo, a evaporar água, refrigerar o ar ambiente e criar microclimas mais confortáveis. Copas e raízes de árvores também podem reduzir os fluxos de água das tempestades e equilibrar as cargas de nutrientes.

Mobilidade de próxima geração: os avanços tecnológicos de sensores, sistemas óticos, processadores embutidos, maior segurança para os pedestres e para o transporte não motorizado levarão à maior adoção do transporte público, redução dos congestionamentos e da poluição, melhor saúde e trajetos mais rápidos, mais previsíveis e menos caros.

Cogeração, coaquecimento e correfrigeração: os sistemas mecânicos de cogeração já capturam e usam o excesso de calor, causando melhoras significativas à eficiência energética. Sistemas de trigeração usam o calor para aquecer edifícios ou para resfriá-los através da tecnologia de refrigeração por absorção – por exemplo, a refrigeração de escritórios que abrigam um grande número de computadores.

Mobilidade sob demanda: a digitalização vem tornando o tráfego veicular mais eficiente, pois permite informações em tempo real e um controle sem precedentes da infraestrutura da mobilidade urbana. Isso abre novos caminhos para alavancar a capacidade não utilizada de veículos por meio de algoritmos dinâmicos de otimização.

> **Postes públicos inteligentes:** luzes públicas de LED de última geração podem servir como uma plataforma para uma série de tecnologias que coletam dados sobre clima, poluição, atividades sísmicas, o movimento do tráfego de veículos e pessoas, a poluição do ar e sonora. Ao ligar esses postes públicos inteligentes em uma rede, será possível saber o que está acontecendo em toda a cidade em tempo real e oferecer soluções inovadoras em áreas como a segurança pública ou identificar onde existem vagas livres para o estacionamento de veículos.

Fonte: "Top Ten Urban Innovations", Global Agenda Council on the Future of Cities, World Economic Forum, out. 2015.

3.3.3 Segurança internacional

A quarta revolução industrial terá um impacto profundo sobre a natureza das relações entre Estados e a segurança internacional. Dedico particular atenção a esse assunto nesta seção, pois me parece que de todas as transformações importantes ligadas à quarta revolução industrial, a segurança é um tópico que ainda não foi suficientemente discutido pelo público em geral, pelos setores externos aos governos e pela indústria de defesa.

O perigo crítico é que um mundo hiperconectado e com desigualdades crescentes poderá levar ao aumento da fragmentação, segregação e agitação social que, por sua vez, criam as condições para o extremismo violento. A quarta revolução industrial mudará o caráter das ameaças à segurança e, ao mesmo tempo, também influenciará as mudanças de poder, que estão ocorrendo tanto geograficamente quanto de personagens estatais para os não estatais. Confrontada com a ascensão de atores não estatais armados dentro do que já é um cenário geopolítico cada vez mais complexo, a perspectiva da criação de uma plataforma comum para a colaboração em torno dos principais desafios da segurança internacional torna-se um desafio crítico mais exigente.

Conectividade, fragmentação e agitação social

Vivemos em um mundo hiperconectado, onde informações, ideias e pessoas estão viajando mais rápido do que nunca. Também vivemos em um mundo de desigualdades crescentes, um fenômeno que irá ser agravado pelas mudanças maciças do mercado de trabalho descritas anteriormente.

Alargando a exclusão social, o desafio de encontrar fontes confiáveis de significado do mundo moderno e o desencanto com as elites estabelecidas e estruturas, percebidas ou reais, têm motivado os movimentos extremistas e permitiu-lhes recrutar pessoas para uma luta violenta contra os sistemas existentes (ver Quadro E: Mobilidade e a Quarta Revolução Industrial).

A hiperconectividade, naturalmente, não traz em seu bojo a maior tolerância ou adaptabilidade, conforme vimos nas reações aos trágicos deslocamentos humanos que atingiram um pico histórico em 2015. No entanto, a mesma hiperconectividade também contém o potencial para chegarmos a um denominador comum com base na maior aceitação e compreensão das diferenças, que poderia ajudar a reunir comunidades em vez de separá-las. Contudo, se não continuarmos a caminhar nessa mesma direção, a alternativa será o aumento da fragmentação.

Quadro E
Mobilidade e a Quarta Revolução Industrial

O movimento de pessoas em todo o mundo é um fenômeno significativo e um grande gerador de riquezas. Qual será o impacto da quarta revolução industrial na mobilidade humana? Talvez seja muito cedo para dizer, mas a extrapolação das tendências atuais indica que a mobilidade terá um papel cada vez mais importante na sociedade e na economia do futuro:

- **Realização de aspirações:** correspondendo a um aumento da consciência de eventos e oportunidades em outros países, graças à crescente conectividade, a mobilidade é cada vez mais vista como uma escolha de vida que pode ser exercida em algum momento, especialmente pelos jovens. Embora as motivações individuais variem muito – a busca de trabalho, o desejo de estudar, a necessidade de proteção, o desejo de reunir a família e assim por diante –, há maior disponibilidade para a busca por soluções no exterior.
- **Redefinição das identidades individuais:** os indivíduos costumavam identificar mais as suas vidas com um lugar, um grupo étnico, determinada cultura ou até mesmo o idioma. O advento do engajamento *on-line* e o aumento da exposição às ideias de

outras culturas fizeram que as identidades sejam hoje mais fungíveis do que no passado. As pessoas estão atualmente muito mais confortáveis em ter e gerenciar múltiplas identidades.

– **Redefinição da identidade familiar:** graças à combinação dos padrões de migração histórica e conectividade de baixo custo, as estruturas familiares estão sendo redefinidas. Elas não estão mais vinculadas pelo espaço e muitas vezes estendem-se pelo mundo, com constantes diálogos familiares reforçados pelos meios digitais. Cada vez mais, a unidade familiar tradicional está sendo substituída pela rede familiar transnacional.

– **Remapeamento dos mercados de trabalho:** a mobilidade dos trabalhadores tem o potencial de transformar os mercados de trabalho nacionais para melhor ou para pior. Por um lado, os trabalhadores dos países em desenvolvimento constituem uma reserva de recursos humanos com vários níveis de competências que podem satisfazer as necessidades não atendidas do mercado de trabalho do mundo desenvolvido. A mobilidade de talentos é um gerador de criatividade, de inovação industrial e eficiência do trabalho. Por outro, a injeção de trabalhadores migrantes em mercados domésticos pode, se não for gerenciada de forma eficaz, produzir distorções salariais e sociais nos países de acolhimento e privar os países de origem de seu valioso capital humano.

A revolução digital criou novas possibilidades de comunicação e "mobilidade" que complementa e melhora a mobilidade física. É provável que a quarta revolução industrial tenha um efeito semelhante, pois a fusão dos mundos físico, digital e biológico transcenderá as limitações de tempo/espaço ainda mais de forma a incentivar a mobilidade. Um dos desafios da quarta revolução industrial será, portanto, a gestão da mobilidade humana, para garantir que seus benefícios sejam plenamente realizados por meio do alinhamento de direitos e obrigações soberanos com os direitos e aspirações individuais, por intermédio da reconciliação da segurança nacional e humana e pelo encontro de formas que consigam manter a harmonia social em meio a uma maior diversidade.

Fonte: Global Agenda Council on Migration, World Economic Forum.

A natureza mutável do conflito

A quarta revolução industrial afetará a escala do conflito, bem como seu caráter. As distinções entre guerra e paz e sobre quem são os combatentes e não combatentes estão desconfortavelmente cada vez mais tênues. Da mesma forma, o campo de batalha é cada vez mais local e global ao mesmo tempo. As organizações como o Daesh, ou ISIS, operam principalmente em áreas delimitadas do Oriente Médio, mas também recrutam combatentes de mais de cem países, principalmente por meio das mídias sociais, e seus ataques terroristas podem ocorrer em qualquer lugar do planeta. Os conflitos modernos possuem natureza cada vez mais híbrida, combinando técnicas tradicionais de combate com elementos que, anteriormente, estavam associados principalmente a atores armados não estatais. Todavia, conforme as tecnologias se fundem em formas cada vez mais imprevisíveis e os agentes estatais e não estatais armados aprendem uns dos outros, a possível magnitude da mudança ainda não está completamente entendida.

Conforme esse processo ocorre e se torna mais fácil adquirir e usar novas tecnologias mortais, é claro que a quarta revolução industrial dá aos indivíduos maneiras cada vez mais diversificadas de prejudicar os outros em grande escala. Essa percepção leva a uma maior sensação de vulnerabilidade. Mas nem tudo é sombrio. O acesso à tecnologia também traz consigo a possibilidade de maior precisão bélica, uniformes de combate com tecnologia de ponta, a capacidade de imprimir outros componentes ou peças sobressalentes essenciais no campo de batalha e assim por diante.

Guerra cibernética

A guerra cibernética apresenta uma das mais graves ameaças de nosso tempo. O ciberespaço tem se tornado um teatro de operações semelhante ao que o solo, o mar e o ar foram no passado. Posso afirmar com segurança que, enquanto qualquer conflito futuro entre agentes razoavelmente avançados poderá ou não ocorrer no mundo físico, ele provavelmente incluirá uma ciberdimensão, simplesmente porque nenhum adversário moderno resistirá à tentação de perturbar, confundir ou destruir os sensores, as comunicações e a capacidade de decisão de seu inimigo.

Isso não só irá diminuir o limiar da guerra, mas também irá embaçar a distinção entre guerra e paz, porque quaisquer redes ou dispositivos conectados, tanto os sistemas militares de infraestrutura quanto os civis – tais como fontes de energia, redes de eletricidade, saúde ou controles de tráfego ou abastecimento de água – podem ser hackeados e atacados. O conceito de adversário também é afetado. Ao contrário do passado, não há como ter certeza de quem está atacando você – e até mesmo se foi realmente atacado. A defesa, os militares e os estrategistas em segurança nacional costumavam concentrar-se em um número limitado de Estados tradicionalmente hostis, agora eles devem considerar um universo quase infinito e indistinto de *hackers*, terroristas, ativistas, criminosos e outros possíveis inimigos. A ciberguerra pode assumir muitas formas diferentes – desde atos criminosos e de espionagem até ataques destrutivos, como o do *worm* Stuxnet, que permanecem bastante subestimados e mal compreendidos, porque são muito novos e difíceis de serem contra-atacados.

Desde 2008, vem ocorrendo vários casos de ataques cibernéticos, dirigidos a países e empresas específicos, mas as discussões sobre essa nova era da guerra estão ainda no início, e a lacuna entre aqueles que entendem as questões altamente técnicas da guerra eletrônica e aqueles que estão desenvolvendo as políticas cibernéticas amplia-se a cada dia. Quanto ao desenvolvimento de normas compartilhadas sobre a guerra cibernética, análogas àquelas desenvolvidas para armas nucleares, químicas e biológicas, esta ainda é uma questão em aberto. Falta-nos até mesmo uma taxonomia para concordarmos ou não sobre o que é um ataque e qual seria a resposta adequada, com o que e por quem. Parte da equação para gerenciar esse cenário é definir quais dados viajam através das fronteiras. Isso já indica quanto ainda nos falta para efetivamente controlarmos as transações cibernéticas transfronteiriças sem inibir os resultados positivos de um mundo mais interligado.

Guerra autônoma

A guerra autônoma, incluindo a implantação de robôs militares e armas automáticas que funcionam por IA, cria a perspectiva de uma "guerra de robôs", que irá desempenhar um papel transformador nos conflitos futuros.

O fundo do mar e o espaço também podem ficar cada vez mais militarizados, pois mais e mais agentes – estaduais e comerciais – passam a poder enviar satélites e mobilizar veículos subaquáticos não tripulados capazes de perturbar os cabos de fibra ótica e o tráfego dos satélites. Já há organizações criminosas usando *drones* comerciais (quadricópteros) para espionar e atacar seus rivais. Armas autônomas, capazes de identificar seus alvos e decidir abrir fogo sem intervenção humana, vão se tornar cada vez mais viáveis, desafiando as leis da guerra.

Quadro F
Tecnologias emergentes transformando a segurança internacional

Drones: eles são, essencialmente, robôs voadores. Os Estados Unidos lideram essa tecnologia atualmente, mas ela está se espalhando de forma ampla e se tornando mais acessível.

Armas autônomas: combinam a tecnologia dos *drones* e a inteligência artificial; conseguem selecionar e atacar alvos de acordo com critérios predefinidos e sem a intervenção humana.

Militarização espacial: enquanto mais da metade de todos os satélites são comerciais, esses dispositivos de comunicações em órbita tornam-se cada vez mais importantes para fins militares. Uma nova geração de armas hipersônicas também está prestes a entrar neste domínio, aumentando a probabilidade de que o espaço irá desempenhar algum papel nos futuros conflitos, e aumentará as preocupações de que os atuais mecanismos de regulamentação das atividades espaciais não são mais suficientes.

Dispositivos vestíveis: eles podem otimizar a saúde e o desempenho sob condições de estresse extremo ou produzir exoesqueletos que melhoram o desempenho dos soldados, permitindo que um ser humano transporte sem dificuldades cargas de cerca de 90 kg.

Fabricação aditiva: isso irá revolucionar as cadeias de fornecimento, permitindo que as peças de reposição sejam fabricadas no campo de operações, tenham seus projetos transmitidos por meios digitais e utilizem materiais disponíveis no local. Isso também poderia permitir o desenvolvimento de novos tipos de ogivas, com maior controle da granulometria do material e da detonação.

Energias renováveis: isso permite que a energia seja gerada localmente, revolucionando as cadeias de fornecimento e reforçando a capacidade para imprimir partes sob demanda mesmo em locais remotos.

Nanotecnologia: a nanotecnologia está progressivamente nos levando à construção de metamateriais, materiais inteligentes, que possuem propriedades que não ocorrem naturalmente. Ela tornará as armas mais leves, móveis, inteligentes e precisas e irá, finalmente, resultar em sistemas que podem se autorreplicar e montar.

Armas biológicas: a história da guerra biológica é quase tão antiga como a história da guerra em si, mas os rápidos avanços em biotecnologia, genética e genômica são o prenúncio de novas armas altamente letais. Vírus projetados que se propagam pelo ar, superbactérias construídas, pragas geneticamente modificadas e assim por diante: em conjunto, formam a base de possíveis cenários apocalípticos.

Armas bioquímicas: tal como acontece com as armas biológicas, a inovação tecnológica está transformando a montagem dessas armas em algo quase tão fácil como uma tarefa do tipo "faça você mesmo". Os *drones* poderiam ser empregados para liberá-las.

Mídia social: ao mesmo tempo que os canais digitais oferecem oportunidades para a divulgação de informações e organização de iniciativas para boas causas, eles também podem ser usados para espalhar conteúdos malignos, propaganda e, como no caso do ISIS, empregados por grupos extremistas para recrutar e mobilizar seguidores. Os jovens adultos são particularmente vulneráveis, especialmente quando não têm uma rede social estável de apoio.

Muitas das tecnologias descritas no Quadro F (Tecnologias emergentes transformando a segurança internacional) já existem. Como exemplo, os robôs SGR-A1 da Samsung, equipados com duas metralhadoras e uma arma com balas de borracha, estão atualmente estacionados em postos fronteiriços da zona desmilitarizada da Coreia. Por enquanto, eles são controlados por operadores humanos mas poderão, uma vez programados, identificar e atacar alvos humanos de forma independente.

No ano passado, o Ministério da Defesa Britânico e a BAE Systems anunciaram o teste bem-sucedido do Taranis, um avião furtivo, ou *stealth*, conhecido também como Raptor, que pode decolar, voar até determinado destino e encontrar um alvo definido, apenas com pouca intervenção de seu operador, exceto se a intervenção for necessária. Há muitos exemplos desse tipo.[50] Eles se multiplicam e, assim, levantam questões críticas na interseção entre geopolítica, estratégia e táticas militares, regulamentação e ética.

Novas fronteiras da segurança global

Como destaquei várias vezes neste livro, temos apenas uma percepção limitada sobre o potencial das novas tecnologias e o que nos espera no futuro. Esse também é o caso na área da segurança nacional e internacional. Para cada inovação que consigamos imaginar, haverá uma aplicação positiva e um possível lado negro. Enquanto neurotecnologias como as neuropróteses já são empregadas para resolver problemas médicos, no futuro elas poderiam ser utilizadas para fins militares. Os sistemas de computador ligados ao tecido cerebral poderiam permitir que um paciente paralisado conseguisse controlar um braço ou uma perna robótica. A mesma tecnologia poderia ser usada para controlar um piloto ou um soldado biônico. Dispositivos neurais projetados para tratar a doença de Alzheimer podem ser implantados em soldados para apagar ou criar novas memórias. "Não é uma questão de 'se' os agentes não estatais usarão alguma forma de técnica ou tecnologia neurocientífica, mas 'quando' e 'qual' irão utilizar", diz James Giordano, um neuroeticista do Centro Médico da Universidade de Georgetown, "o cérebro será o próximo campo de batalha"[51].

A disponibilidade e, às vezes, a natureza não regulamentada de muitas dessas inovações têm uma implicação ainda mais importante. As tendências atuais sugerem uma rápida e maciça democratização da capacidade de infligir danos em uma escala muito grande, algo anteriormente limitado aos governos e às organizações muito sofisticadas. Desde armas impressas em 3D até a engenharia genética realizada em laboratórios caseiros, todos os tipos de ferramentas destrutivas construídas por meio de tecnologias

---

50. Alex Leveringhaus e Gilles Giacca, "Robo-Wars – the Regulation of Robotic Weapons", The Oxford Institute for Ethics, Law and Armed Conflict, The Oxford Martin Programme on Human Rights for Future Generations e a Oxford Martin School, 2014. Disponível em: http://www.oxfordmartin.ox.ac.uk/downloads/briefings/Robo-Wars.pdf.
51. James Giordano citado por Tom Requarth em "This is Your Brain. This is Your Brain as a Weapon", *Foreign Policy*, 14 set. 2015. Disponível em: http://foreignpolicy.com/2015/09/14/this-is-your-brain-this-is-your-brain-as-a-weapon-darpa-dual-use-neuroscience/.

emergentes estão se tornando mais facilmente disponíveis. E com a fusão de tecnologias, tema-chave deste livro, surge uma dinâmica inerentemente imprevisível, desafiando as estruturas éticas e legais existentes.

Rumo a um mundo mais seguro

Perante esses desafios, como fazer que as pessoas levem à sério as ameaças à segurança geradas pelas tecnologias emergentes? Ainda mais importante, conseguiremos estimular a cooperação entre os setores público e privado em escala global para mitigar as ameaças?

Durante a segunda metade do século passado, o medo da guerra nuclear gradualmente deu lugar à relativa estabilidade da destruição mutuamente assegurada (MAD, na sigla em inglês), e um tabu nuclear parece ter surgido.

A lógica da MAD funcionou até hoje porque apenas um número limitado de entes possuía o poder de completa destruição mútua e eles equilibravam uns aos outros. A proliferação de agentes potencialmente letais, no entanto, poderia minar esse equilíbrio, motivo pelo qual os Estados que possuíam armas nucleares haviam concordado em cooperar para manter pequeno o clube nuclear e, assim, negociaram o Tratado de não Proliferação de Armas Nucleares (TNP) na década de 1960.

Embora discordassem em quase todas as outras questões, a União Soviética e os Estados Unidos compreenderam que a melhor proteção seria manterem-se mutuamente vulneráveis. Isso levou ao Tratado de Mísseis Antibalísticos (ABMT, na sigla em inglês), que limitava o direito de tomar medidas defensivas contra armas nucleares lançadas por mísseis. Quando a capacidade destrutiva não mais se limita a um punhado de entes com recursos similares, as táticas e os interesses em prevenir as doutrinas de escalada como a MAD passam a ser menos relevantes.

A partir das mudanças anunciadas pela quarta revolução industrial, poderíamos descobrir algum equilíbrio alternativo que de forma análoga transforme a vulnerabilidade em estabilidade e segurança? Agentes com diferentes perspectivas e interesses precisam conseguir encontrar algum tipo de *modus vivendi* e cooperar a fim de evitar a proliferação negativa.

As partes interessadas devem cooperar para criar estruturas que as vinculem juridicamente, bem como normas autoimpostas entre os pares, padrões éticos e mecanismos de controle das tecnologias emergentes e potencialmente prejudiciais, de preferência sem impedir a possibilidade de pesquisas que tragam inovação e crescimento econômico.

Certamente precisaremos de tratados internacionais, mas preocupa-me que os reguladores neste campo estejam atrasados em relação aos avanços tecnológicos, em razão da velocidade e dos impactos multifacetados destes últimos. Portanto, os diálogos entre educadores e desenvolvedores sobre os padrões éticos que devem ser utilizados em relação às tecnologias emergentes da quarta revolução industrial são urgentemente necessários para o estabelecimento de diretrizes éticas comuns e sua consequente incorporação à sociedade e à cultura. Já que os governos e as estruturas controladas por eles estão ficando para trás em relação à regulamentação, talvez a liderança seja tomada pelo setor privado e não pelos agentes estatais.

O desenvolvimento de novas tecnologias de guerra está, compreensivelmente, ocorrendo em uma esfera relativamente isolada. Uma de minhas preocupações, no entanto, refere-se ao potencial recuo dos outros setores – por exemplo, o de pesquisas clínicas e medicina genética – a esferas isoladas e altamente especializadas, diminuindo assim a nossa capacidade coletiva para discutir, compreender e gerenciar os desafios e as oportunidades.

3.4 Sociedade

O avanço científico, a comercialização e a difusão das inovações são processos sociais que se desenrolam à medida que as pessoas desenvolvem e trocam ideias, valores, interesses e normas sociais em uma variedade de contextos. Isso torna difícil discernir o impacto total dos novos sistemas tecnológicos à sociedade: nossas sociedades são compostas por muitos componentes interligados e muitas inovações que são de alguma forma coproduzidas por eles.

O grande desafio para a maioria das sociedades será saber como absorver e acomodar a nova modernidade e, ao mesmo tempo, abraçar os aspectos gratificantes de nossos sistemas tradicionais de valores. A quarta revolução industrial, que põe em causa tantos pressupostos fundamentais, pode agravar as tensões existentes entre sociedades profundamente religiosas que defendem seus valores fundamentais e aqueles cujas crenças são moldadas por uma visão de mundo mais secular. O maior perigo para a estabilidade e cooperação global pode vir de grupos radicais que lutarão contra o progresso com violência extrema e ideologicamente motivada.

Conforme observado pelo sociólogo Manuel Castells, professor de tecnologia da comunicação e sociedade na Escola Annenberg de Comunicação e Jornalismo da Universidade do Sul da Califórnia: "Em todos os momentos de grandes mudanças tecnológicas, pessoas, empresas e instituições sentem a profundidade das mudanças, mas costumam ser derrotadas por elas, por pura ignorância dos seus efeitos."[52]. Ser derrotado por ignorância é precisamente o que devemos evitar, particularmente quando se trata da formação, desenvolvimento e relacionamento mútuo das diversas comunidades que compõem a sociedade moderna.

A discussão anterior sobre os diferentes impactos da quarta revolução industrial em economia, negócios, geopolítica, segurança internacional, regiões e cidades torna claro que a nova revolução tecnológica terá múltiplas influências na sociedade. Na próxima seção, irei explorar os dois agentes mais importantes da mudança – como o potencial para a crescente desigualdade pressiona a classe média e como a integração da mídia digital está mudando a maneira pela qual as comunidades se formam e se relacionam.

3.4.1 A desigualdade e a classe média

A discussão sobre os impactos econômicos e comerciais destacou uma série de diferentes mudanças estruturais que têm contribuído para a crescente desigualdade até hoje, a qual poderá ser agravada pelo desenrolar da quarta revolução industrial. Robôs e algoritmos cada vez mais substituem o trabalho pelo capital, mas a necessidade de capital para investir (ou mais precisamente, para construir um negócio na economia digital) torna-se cada vez menor. Os mercados de trabalho, entretanto, estão ficando enviesados para um conjunto limitado de competências técnicas, e as plataformas digitais e mercados mundialmente conectados têm concedido recompensas descomunais para um pequeno número de "estrelas". Na esteira dessas tendências, os vencedores serão aqueles capazes de participar plenamente de ecossistemas orientados para a inovação, oferecendo novas ideias, modelos de negócios, produtos e serviços, e não aquelas pessoas que podem apenas oferecer trabalho menos qualificados ou capital comum.

Essas dinâmicas explicam por que a tecnologia é considerada como uma das principais razões da estagnação dos rendimentos ou até de sua

---

52. Manuel Castells, "The Impact of the Internet on Society: a Global Perspective", *MIT Technology Review*, 8 set. 2014. Disponível em: http://www.technologyreview.com/view/530566/the-impact-of-the-internet-on-society-a-global-perspective/.

diminuição para a maioria da população dos países de renda alta. De fato, o mundo atual é muito desigual. De acordo com o Relatório de 2015 sobre a Riqueza Mundial do *Credit Suisse*, metade de todos os ativos do mundo é hoje controlada por 1% (os mais ricos) da população mundial, enquanto "a metade mais pobre da população mundial possui em conjunto menos de 1% da riqueza global".[53] A Organização para a Cooperação e Desenvolvimento Econômico (OCDE) informa que a renda média dos 10% mais ricos nos países da OCDE é aproximadamente nove vezes maior que a renda dos 10% mais pobres.[54] Além disso, na maioria dos países, a desigualdade está aumentando, mesmo naqueles que já passaram por um rápido crescimento em todos os grupos de renda, e ocorre uma queda dramática do número de pessoas que vivem na pobreza. Por exemplo, na China, o índice de Gini subiu de aproximadamente 30 na década de 1980 para mais de 45 em 2010.[55]

A crescente desigualdade é mais do que um fenômeno econômico preocupante – ela consiste em um grande desafio para as sociedades. No livro *The Spirit Level: Why Greater Equality Makes Societies Stronger*, os epidemiologistas britânicos Richard Wilkinson e Kate Pickett apresentam dados indicando que sociedades desiguais tendem a ser mais violentas, têm maior número de pessoas nas prisões, maiores níveis de obesidade, de doenças mentais e têm baixa expectativa de vida e baixos níveis de confiança. Eles descobriram que, após garantirem rendimentos médios, as sociedades mais iguais passam a ter níveis mais elevados de bem-estar infantil, menores níveis de estresse e uso de drogas e diminuição da mortalidade infantil.[56] Outros pesquisadores descobriram que níveis mais elevados de desigualdade aumentam a segregação e reduzem os resultados educacionais de crianças e jovens adultos.[57]

---

53. Credit Suisse, *Global Wealth Report 2015*, out. 2015. Disponível em: http://publications.credit-suisse.com/tasks/render/file/index.cfm?fileid=F2425415-DCA7-80B8-EAD989AF9341D 47E.
54. OECD, "Divided We Stand: Why Inequality Keeps Rising", 2011. Disponível em: http://www.oecd.org/els/soc/49499779.pdf.
55. Frederick Solt, "The Standardized World Income Inequality Database", *paper* em andamento, SWIID, Versão 5.0, out. 2014. Disponível em: http://myweb.uiowa.edu/fsolt/swiid/swiid.html.
56. Richard Wilkinson e Kate Pickett, *The Spirit Level: Why Greater Equality Makes Societies Stronger*, Bloomsbury Press, 2009.
57. Sean F. Reardon e Kendra Bischoff, "More Unequal and More Separate: Growth in the Residential Segregation of Families by Income, 1970-2009", US 2010 Project, 2011. Disponível em:

Além disso, embora os dados empíricos sejam menos precisos nesse ponto, receia-se também que níveis maiores de desigualdade levem a níveis mais elevados de agitação social. Entre os 29 riscos globais e as 13 tendências globais identificadas pelo *Global Risk Report 2016* (Relatório de Riscos Globais de 2016), as mais fortes interconexões ocorrem entre a crescente disparidade de renda, de desemprego ou de subemprego e a profunda instabilidade social. Conforme discutirei a seguir, um mundo com maior conectividade e maiores expectativas pode criar riscos sociais significativos se as populações começarem a sentir que não conseguirão atingir um nível de prosperidade qualquer ou encontrar algum significado em suas vidas.

Atualmente, um trabalho de classe média não mais garante um estilo de vida de classe média; e nos últimos 20 anos, as quatro características tradicionais da classe média (educação, saúde, aposentadoria e casa própria) tiveram um desempenho pior que a inflação. Nos EUA e no Reino Unido, a educação tem o preço de um bem de luxo. Uma economia de mercado em que o vencedor leva tudo, à qual a classe média tem cada vez menos acesso, pode transformar-se lentamente em mal-estar e abandono democrático, agravando os desafios sociais.

3.4.2 Comunidade

Do ponto de vista mais amplo da sociedade, um dos maiores (e mais notáveis) efeitos da digitalização é o surgimento da sociedade centrada no indivíduo – um processo de individualização e o surgimento de novas formas de sentimento de pertencimento e de comunidade. Ao contrário do passado, a noção de pertencer, de fazer parte de uma comunidade, é hoje definida mais pelos interesses e valores individuais e por projetos pessoais que pelo espaço (comunidade local), trabalho e família.

Novas formas de mídia digital, que formam um componente central da quarta revolução industrial, têm orientado cada vez mais nosso enquadramento individual e coletivo na comunidade e na sociedade. Conforme explorado pelo Fórum em seu relatório *Digital Media and Society* (Mídia Digital e Sociedade), as mídias digitais estão permitindo conexões pessoais do tipo um-para-um e um-para-muitos totalmente novas, possibilitando que os usuários mantenham suas amizades através do tempo e das distâncias,

---

http://www.s4.brown.edu/us2010/Projects/Reports.htm;http://cepa.stanford.edu/content/more-unequal-and-more-separate-growth-residential-segregation-families-income-1970-2009.

criando novos grupos de interesse e permitindo que aqueles que estão social ou fisicamente isolados possam se conectar com pessoas que possuem as mesmas opiniões. A alta disponibilidade, o baixo custo e a neutralidade geográfica das mídias digitais também permitem maiores interações que ultrapassam os limites sociais, econômicos, culturais, políticos, religiosos e ideológicos.

O acesso às mídias digitais *on-line* cria grandes benefícios para muitas pessoas. Além de seu papel de prestação de informações (por exemplo, os refugiados da Síria usam o Google Maps e os grupos do Facebook para planejar rotas de viagem e para evitar a exploração dos traficantes de seres humanos[58]), elas também oferecem oportunidades para que os indivíduos tenham voz e participem do debate cívico e das tomadas de decisões.

Infelizmente, a quarta revolução industrial capacita os cidadãos, mas pode também ser usada para agir contra seus interesses. O relatório *Global Risks Report 2016* (Riscos Globais de 2016) descreve o fenômeno do "cidadão (des)empoderado", pelo qual os indivíduos e as comunidades são simultaneamente empoderadas e excluídas pelo uso das tecnologias emergentes por governos, empresas e grupos de interesse (ver Quadro G: O cidadão (des)empoderado, p. 98).

O poder democrático das mídias digitais significa que elas também podem ser usadas por agentes não estatais; em particular, as comunidades com intenções de prejudicar podem espalhar propaganda e mobilizar seguidores em favor de causas extremistas, como foi visto recentemente com o surgimento do Daesh (Estado Islâmico) e outras organizações terroristas que utilizam as mídias sociais.

Há o perigo de que a dinâmica da partilha das mídias sociais possa enviesar a tomada de decisões e causar riscos para a sociedade civil. Ironicamente, o fato de existir tanto conteúdo disponível nos canais digitais pode fazer que um indivíduo estreite e polarize as suas fontes de notícias, levando a pessoa ao que a psicóloga Sherry Turkle, professora de estudos sociais da ciência e tecnologia, chama de "espiral do silêncio". Isso é importante porque tudo que lemos, compartilhamos e vemos nas mídias sociais moldam nossas decisões políticas e cívicas.

---

58. Eleanor Goldberg, "Facebook, Google are Saving Refugees and Migrants from Traffickers", *Huffington Post*, 10 set. 2015. Disponível em: http://www.huffingtonpost.com/entry/facebook-google-maps-refugeesmigrants_55f1aca8e4b03784e2783ea4.

> **Quadro G**
> **O cidadão (des)empoderado**
>
> A expressão "cidadão (des)empoderado" descreve a dinâmica que surge da interação entre duas tendências: o empoderamento e o desempoderamento. Os indivíduos sentem-se empoderados por mudanças tecnológicas que facilitam a coleta de informações, a comunicação e a organização e, além disso, estão experimentando novas maneiras de participar da vida cívica. Ao mesmo tempo, indivíduos, grupos da sociedade civil, movimentos sociais e comunidades locais sentem-se cada vez mais excluídos de uma participação significativa em processos decisórios tradicionais, incluindo o voto e as eleições, e desempoderados em termos de sua capacidade de influenciar e de ser ouvidos pelas instituições dominantes e pelas fontes de poder dos governos regional e nacional.
>
> Em sua forma mais extrema, há o perigo de os governos utilizarem combinações de tecnologias para suprimir ou oprimir as ações de organizações da sociedade civil e de grupos de indivíduos que procuram criar transparência em torno das atividades de governos e empresas e promover a mudança. Em muitos países do mundo, há evidências de que o espaço da sociedade civil está encolhendo à medida que os governos promovem leis e outras políticas que restringem a independência dos grupos da sociedade civil e suas atividades. As ferramentas da quarta revolução industrial permitem novas formas de vigilância e outros meios de controle, contraditórios com uma sociedade saudável e aberta.

Fonte: *Global Risks Report 2016*, World Economic Forum.

Por exemplo, um estudo do impacto das mensagens "get-out-the-vote" (expresse seu voto, saia para votar) do Facebook descobriu que elas conseguiram "aumentar o comparecimento às urnas em 60 mil eleitores e, indiretamente, pelo contágio social, conseguiram que outros 280 mil eleitores comparecessem, somando 340 mil eleitores adicionais"[59]. A pesquisa

---
59. Robert M. Bond, Christopher J. Fariss, Jason J. Jones, Adam D. I. Kramer, Cameron Marlow, Jaime E. Settle e James H. Fowler, "A 61-million-person experiment in social influence and poli-

destaca o poder das plataformas digitais em selecionar e promover as mídias que consumimos *on-line*. Ela também indica uma oportunidade para que as tecnologias *on-line* misturem as formas tradicionais de participação cívica (como votar em representantes locais, regionais ou nacionais) com maneiras inovadoras de oferecer aos cidadãos uma influência mais direta nas decisões que afetam suas comunidades.

De modo semelhante ao que acontece com quase todos os impactos abordados nesta seção, é claro que a quarta revolução industrial traz grandes oportunidades e, ao mesmo tempo, apresenta riscos significativos. À medida que a revolução emerge, uma das principais tarefas do mundo é reunir mais e melhores dados sobre os benefícios e desafios que ela representa para a coesão das comunidades.

3.5 O indivíduo

A quarta revolução industrial não está mudando apenas o que fazemos, mas também quem somos. O impacto sobre nós como indivíduos é múltiplo, afetando nossa identidade e as muitas facetas relacionadas a ela – nosso senso de privacidade, nossas noções de propriedade, nossos padrões de consumo, o tempo que dedicamos ao trabalho e ao lazer, a forma de desenvolvermos nossas carreiras e cultivarmos nossas competências. Ela irá influenciar o modo como conhecemos as pessoas e consolidamos nossos relacionamentos, as hierarquias das quais dependemos, nossa saúde, e talvez mais cedo do que pensamos, poderá levar a formas de aperfeiçoamento humano que nos farão questionar a própria natureza da existência humana. Tais alterações provocam excitação e medo à proporção que avançamos a uma velocidade sem precedentes.

Até agora, a tecnologia nos permitiu principalmente realizar tarefas de forma mais fácil, rápida e eficiente. Ela também nos ofereceu oportunidades para nosso desenvolvimento pessoal. Mas estamos começando a ver que ela tem muito mais a oferecer e que há muito mais em jogo. Por todas as razões já mencionadas, estamos no limiar de uma mudança sistêmica radical que exige que os seres humanos se adaptem continuamente. Como resultado, poderemos testemunhar um crescente grau de polarização

---

tical mobilization", *Nature*, 2 set. 2012 (*on-line*). Disponível em: http://www.nature.com/nature/journal/v489/n7415/full/nature11421.html.

do mundo, marcado por aqueles que abraçam a mudança e aqueles que resistem a ela.

Isso dá origem a uma desigualdade que vai além da social anteriormente descrita. Essa desigualdade ontológica irá separar aqueles que se adaptam daqueles que resistem – os reais vencedores e perdedores em todos os sentidos da palavra. Os vencedores poderão, até mesmo, beneficiar-se por alguma forma de melhoria humana radical gerada por certos segmentos da quarta revolução industrial (tais como a engenharia genética); os perdedores serão privados dela. Isso gera o risco de criarmos conflitos de classe e outros confrontos diferentes de tudo que já vimos antes. Essa possível divisão e as tensões criadas por ela vão ser agravadas por uma lacuna geracional causada por aqueles que cresceram e só conhecem o mundo digital e aqueles que não o conhecem e devem se adaptar. Dá origem também a muitas questões éticas.

Por ser engenheiro, sou um grande entusiasta da tecnologia e, normalmente, um dos primeiros a adotá-la. Ainda assim, fico imaginando, da mesma forma que muitos psicólogos e cientistas sociais, como a inexorável integração da tecnologia em nossas vidas impactará nossa noção de identidade e se ela poderia diminuir algumas das nossas capacidades humanas essenciais, como a autorreflexão, a empatia e a compaixão.

3.5.1 Identidade, moralidade e ética

As extraordinárias inovações provocadas pela quarta revolução industrial, desde as biotecnológicas até aquelas da IA, estão redefinindo o que significa ser humano. Elas estão aumentando os atuais limites da expectativa de vida, saúde, cognição e competência de maneiras que antes pertenciam somente ao mundo da ficção científica. Com o avanço dos conhecimentos e das descobertas em andamento nesses campos, é fundamental que nosso foco e nosso compromisso estejam concentrados em permanentes discussões éticas e morais. Por sermos seres humanos e animais sociais, precisamos pensar individual e coletivamente sobre como responder a temas como a extensão da vida, os bebês projetados, extração de memória e muito mais.

Ao mesmo tempo, devemos também perceber que essas descobertas incríveis também podem ser manipuladas para servir a interesses especiais – e não necessariamente aos do público em geral. Stephen Hawking, físico teórico e autor, e seus colegas cientistas Stuart Russell, Max Tegmark e Frank Wilczek escreveram no jornal *The Independent* ao considerar as implicações da inteligência artificial: "Enquanto o impacto a curto prazo da IA depende de quem a controla, o impacto a longo prazo dependerá de ela poder ser controlada... Todos nós devemos nos perguntar o que podemos fazer agora para melhorar as chances de colhermos os benefícios e evitarmos os riscos."[60].

Um desenvolvimento interessante dessa área é a OpenAI, uma empresa de pesquisas em IA sem fins lucrativos iniciada em dezembro de 2015, com o objetivo de "realizar avanços em inteligência digital para que ela possa beneficiar toda humanidade, sem a necessidade de gerar retorno financeiro"[61]. A iniciativa – presidida por Sam Altman, presidente da Y Combinator e Elon Musk, CEO da Tesla Motors – já possui fundos autorizados no valor de US$ 1 bilhão. Essa iniciativa destaca um ponto importante citado anteriormente, a saber, um dos maiores impactos da quarta revolução industrial é o potencial empoderamento originado pela fusão de novas tecnologias. Aqui, como afirmado por Sam Altman, "a melhor maneira para desenvolver a IA é torná-la gratuita para todos e fazer que ela seja criada para empoderar os indivíduos e melhorar os seres humanos"[62].

O impacto humano de certas tecnologias, como a internet ou os *smartphones*, está relativamente bem compreendido e foi debatido de forma ampla entre especialistas e acadêmicos. Outros impactos são muito mais difíceis de entender. Esse é o caso da IA ou da biologia sintética. Talvez vejamos bebês projetados num futuro próximo, juntamente com uma série de outras edições de nossa humanidade – desde a erradicação das doenças genéticas até o aumento da cognição humana. Essas mudanças irão criar algumas das maiores questões éticas e espirituais que já enfrentamos como seres humanos (ver a seguir Quadro H: No limite ético).

---

60. Stephen Hawking, Stuart Russell, Max Tegmark, Frank Wilczek, "Stephen Hawking: 'Transcendence Looks at the Implications of Artificial Intelligence – but Are We Taking AI Seriously Enough?'", *The Independent*, 2 maio 2014. Disponível em: http://www.independent.co.uk/news/science/stephen-hawking-transcendence-looks-at-the-implications-of-artificial-intelligence-but-are-we-taking-9313474.html.
61. Greg Brockman, Ilya Sutskever e The OpenAI team, "Introducing OpenAI", 11 dez. 2015. Disponível em: https://openai.com/blog/introducing-openai/.
62. Steven Levy, "How Elon Musk and Y Combinator Plan to Stop Computers From Taking Over", 11 dez. 2015. Disponível em: https://medium.com/backchannel/how-elon-musk-and-y-combinator-plan-to-stop-computers-from-taking-over-17e0e27dd02a#.qjj55npcj.

Quadro H
No limite ético

Os avanços tecnológicos estão nos levando para novas fronteiras da ética. Devemos usar os incríveis avanços da biologia apenas para curar doenças e reparar lesões, ou devemos também aprimorar nossa natureza humana? Se aceitarmos a segunda proposta, corremos o risco de transformar a paternidade/maternidade em uma extensão da sociedade de consumo e, nesse caso, fica a questão: será que nossas crianças poderiam tornar-se bens como se fossem objeto de desejo feitos sob encomenda? E o que significa ser "melhor"? Estar livre de doenças? Viver mais tempo? Ser mais inteligente? Correr mais rápido? Ter uma certa aparência?

De forma similar, a inteligência artificial também nos impõe questões complexas e fronteiriças. Considere a possibilidade de máquinas que antecipem nossos pensamentos ou até mesmo os ultrapassem. A Amazon e a Netflix já possuem algoritmos que preveem quais filmes e livros você talvez queira ver e ler. *Sites* de namoro e de colocação profissional sugerem parceiros e empregos – em nossa vizinhança ou em qualquer lugar do mundo – que seus sistemas imaginam que serão mais convenientes para nós. O que faremos? Confiar no conselho dado por um algoritmo ou naquele oferecido por familiares, amigos ou colegas? Consultaríamos um médico-robô controlado por IA que poderia dar diagnósticos corretos, perfeitos ou quase perfeitos – ou ficaríamos com o médico humano que nos conhece há anos e mantém aquele comportamento tranquilizador ao lado da cama?

Ao imaginarmos esses exemplos e suas implicações para os seres humanos, estamos em território desconhecido – a alvorada de uma transformação humana, diferente de tudo que já experimentamos anteriormente.

Outra questão importante refere-se ao poder de previsão da inteligência artificial e da aprendizagem automática. Se nosso próprio comportamento torna-se previsível em todas as situações, qual seria o tamanho da liberdade pessoal que temos ou imaginamos ter para nos desviarmos da previsão? Será que isso poderia levar a uma situação em que os seres humanos começarão a agir como robôs? Isso também leva a uma questão mais filosófica: como manter nossa individualidade, a fonte da nossa diversidade e democracia, na era digital?

3.5.2 Conexão humana

De forma semelhante ao que sugere as questões levantadas anteriormente, quanto mais digital e tecnológico o mundo se torna, maior é a necessidade de ainda sentir o toque humano, nutrido pelos relacionamentos íntimos e conexões sociais. Há crescentes preocupações de que, enquanto a quarta revolução industrial aumenta nossas relações individuais e coletivas com a tecnologia, ela pode afetar negativamente nossas habilidades sociais e capacidade de empatia. Observamos que isso já está acontecendo. Um estudo de 2010, feito por uma equipe de pesquisadores da Universidade de Michigan, descobriu um declínio de 40% da empatia entre estudantes universitários (em comparação com suas contrapartes de 20 ou 30 anos atrás), grande parte desse declínio ocorreu após o ano 2000.[63]

De acordo com Sherry Turkle do MIT, 44% dos adolescentes nunca se desplugam, mesmo ao praticar esportes ou durante a refeição com a família ou amigos. As conversas presenciais estão povoadas por uma multidão de interações *on-line*, isso faz surgir temores de que toda uma geração de jovens, consumida pela mídia social, já está se esforçando para conseguir ouvir os outros, fazer contato visual ou ler a linguagem corporal.[64]

Nossa relação com as tecnologias móveis ilustra bem a questão. O fato de estarmos sempre conectados pode nos privar de um dos nossos bens mais importantes: o momento para fazer uma pausa, refletir e iniciar uma conversa séria sem o auxílio da tecnologia nem intermediada pelos meios de comunicação sociais. Turkle cita estudos que mostram que, quando duas pessoas estão conversando, a mera presença de um telefone sobre a mesa entre elas ou em sua visão periférica muda o assunto da conversa e seu grau de conexão.[65] Isso não significa que devemos desistir de nossos telefones, mas que podemos usá-los "com maior intenção".

Outros especialistas expressam preocupações semelhantes. O escritor de tecnologia e cultura Nicholas Carr afirma que quanto mais tempo passamos imersos nas águas digitais, mais superficiais se tornam nossas capacidades cognitivas devido ao fato de deixarmos de controlar nossa atenção: "A rede foi projetada para ser um sistema de interrupção, uma máquina

---

63. Sara Konrath, Edward O'Brien e Courtney Hsing. "Changes in Dispositional empathy in American College Students Over time: a Meta-analysis", *Personality and Social Psychology Review* (2010).
64. Citado em: Simon Kuper, "Log Out, Switch Off, Join in", *FT Magazine*, 2 out. 2015. Disponível em: http://www.ft.com/intl/cms/s/0/fc76fce2-67b3-11e5-97d0-1456a776aa4f5.html.
65. Sherry Turkle, *Reclaiming Conversation: the Power of Talk in a Digital Age*, Penguin, 2015.

voltada para dividir a atenção. As interrupções frequentes dispersam nossos pensamentos, enfraquecem nossa memória e nos deixam tensos e ansiosos. Quanto mais complexos forem os encadeamentos dos pensamentos em que estamos envolvidos, maior será o comprometimento causado pela distração."[66].

Em 1971, Herbert Simon, que ganhou o prêmio Nobel de economia em 1978, advertiu: "a riqueza de informações cria a pobreza de atenção". Isso é muito pior hoje, em particular para os decisores que tendem a estar sobrecarregados com muitas "coisas" – sobrecarregados e acelerados, em um estado de estresse constante. "Nessa época acelerada, nada pode ser mais emocionante do que ir devagar", escreve o ensaísta de viagens Pico Iyer. "E nessa época de distrações, nada é tão luxuoso quanto prestar atenção. E nessa época de constante movimento, nada é tão urgente como sentar-se em silêncio"[67].

Nosso cérebro, ligado aos instrumentos digitais que nos conectam 24 horas por dia, corre o risco de se tornar uma máquina de movimento perpétuo que requer um frenesi incessante. Não é algo incomum eu conversar com líderes que dizem que não têm mais tempo para fazer uma pausa e refletir, muito menos desfrutar o "luxo" da leitura, nem mesmo de um pequeno artigo inteiro. Os tomadores de decisão de todas as partes da sociedade global parecem estar em um estado de crescente exaustão, tão inundados por múltiplas exigências concorrentes que deixam a frustração de lado e ficam resignados e, às vezes, desesperados. Em nossa nova era digital é realmente difícil dar um passo atrás, mas não impossível.

3.5.3 Gerenciamento de informações públicas e privadas

Um dos maiores desafios individuais colocados pela internet, e por nosso crescente grau de interdependência em geral, diz respeito à privacidade. É uma questão cada vez maior, porque, como o filósofo político da Universidade de Harvard Michael Sandel observou, "parece que estamos cada vez mais dispostos, por conveniência, a negociar nossa privacidade com muitos dispositivos que usamos rotineiramente"[68]. Estimulados em

---

66. Nicholas Carr, *The Shallows: How the Internet is Changing the Way We Think, Read and Remember*, Atlantic Books, 2010.
67. Pico Iyer, *The Art of Stillness: Adventures in Going Nowhere*, Simon and Schuster, 2014.
68. Citado em: Elizabeth Segran, "The Ethical Quandaries You Should Think About the Next Time You Look at Your Phone", *Fast Company*, 5 out. 2015. Disponível em: http://www.fastcompany.

parte pelas revelações de Edward Snowden, o debate global sobre o significado da privacidade em um mundo com maior transparência só está começando, uma vez que notamos que a internet pode ser uma ferramenta sem precedentes de libertação e de democratização e, ao mesmo tempo, um facilitador da fiscalização maciça, indiscriminada, de longo alcance e quase impenetrável.

Por que a privacidade é tão importante? Instintivamente, todos nós entendemos por que a privacidade é tão essencial para nossos "eus" individuais. Até mesmo para aqueles que afirmam que não dão tanto valor à privacidade nem têm nada a esconder, fazemos e dizemos muitas coisas que não queremos que ninguém mais saiba. Há um número abundante de pesquisas que mostram que quando alguém sabe que está sendo observado, seu comportamento torna-se mais conformista e complacente.

Este livro, no entanto, não é o lugar para nos envolvermos em uma longa reflexão sobre o significado da privacidade ou para responder a perguntas sobre a propriedade de dados. Acredito, no entanto, que os debates sobre muitas questões fundamentais – como os impactos à nossa vida interna –, decorrentes da perda de controle sobre os nossos dados, somente serão intensificados nos próximos anos (ver Quadro I: Bem-estar e as fronteiras da privacidade, p. 105).

Essas questões são incrivelmente complexas. Estamos apenas começando a ter uma noção de suas possíveis implicações psicológicas, morais e sociais. Pessoalmente, prevejo o seguinte problema relacionado à privacidade: Quando a vida de alguém se torna totalmente transparente e quando as indiscrições, grandes ou pequenas, se tornam conhecíveis a todos, quem terá coragem de assumir as grandes responsabilidades da liderança?

A quarta revolução industrial oferece à tecnologia uma parte predominante e onipresente de nossas vidas individuais, mas estamos apenas começando a entender como essa mudança tecnológica afetará nossos "eus" interiores. Em última análise, cabe a cada um de nós garantir que sejamos servidos e não escravizados pela tecnologia. No âmbito coletivo, também precisamos garantir que os desafios lançados sobre nós pela tecnologia sejam adequadamente entendidos e analisados. Somente assim poderemos ter certeza de que a quarta revolução industrial irá aprimorar nosso bem estar, em vez de lhe causar danos.

com/3051786/most-creative-people/the-ethical-quandaries-you-should-think-about-the-next-time-you-look-at.

Quadro I
Bem-estar e as fronteiras da privacidade

O que está acontecendo atualmente com os dispositivos vestíveis nos dá uma noção da complexidade da questão da privacidade. Um número crescente de companhias de seguros tem pensado em fazer a seguinte oferta a seus segurados: se você usar um dispositivo que monitora seu bem-estar – quanto você dorme e faz exercícios, o número de passos que dá todos os dias, o valor e o tipo de calorias que consome etc. – e se concordar que essas informações possam ser enviadas para seu provedor de seguros de saúde, ofereceremos um desconto em seu prêmio.

Será que devemos dar boas-vindas a esse avanço porque ele nos motiva a viver vidas mais saudáveis? Ou ele toma um rumo preocupante a um estilo de vida em que a vigilância – do governo e das empresas – irá tornar-se cada vez mais intrusiva? No momento, esse exemplo refere-se a uma escolha individual – a decisão de aceitar ou não usar um dispositivo de bem-estar.

Mas insistindo nisso mais uma vez, vamos supor que agora o empregador peça que todos os seus funcionários usem um dispositivo que envia dados relativos à saúde para a seguradora, porque a empresa quer melhorar a produtividade e, possivelmente, diminuir seus custos com os seguros de saúde. E se a empresa exigir que seus funcionários mais relutantes aceitem o pedido ou paguem uma multa? Então, o que anteriormente parecia ser uma escolha consciente individual – usar um dispositivo ou não – passa a ser uma questão de conformidade com as novas normas sociais, mesmo que alguém as considerem inaceitáveis.

O caminho a seguir

A quarta revolução industrial pode estar trazendo rupturas, mas os desafios apresentados por ela são criados por nós mesmos. Está, portanto, ao nosso alcance solucioná-los e realizar as alterações e políticas necessárias para nos adaptarmos (e florescermos) em nosso novo ambiente emergente.

Conseguiremos enfrentar esses desafios de forma significativa se mobilizarmos a sabedoria coletiva de nossas mentes, corações e almas. Para fazer isso, acredito que precisaremos adaptar, dar forma e aproveitar o potencial das rupturas pela criação e aplicação de quatro tipos diferentes de inteligência:

- a contextual (a mente) – a maneira como compreendemos e aplicamos nosso conhecimento;
- a emocional (o coração) – a forma como processamos e integramos nossos pensamentos e sentimentos, bem como o modo que nos relacionamos com os outros e com nós mesmos;
- a inspirada (a alma) – a maneira como usamos o sentimento de individualidade e de propósito compartilhado, a confiança e outras virtudes para efetuar a mudança e agir para o bem comum;
- a física (o corpo) – a forma como cultivamos e mantemos nossa saúde e bem-estar pessoais e daqueles em nosso entorno para estarmos em posição para aplicar a energia necessária para a transformação individual e dos sistemas.

Inteligência contextual – a mente

Os bons líderes compreendem e dominam a inteligência contextual.[69] A noção de contexto é definida como a capacidade e a disponibilidade

---

[69] A expressão "inteligência contextual" foi cunhada por Nihtin Nohria vários anos antes de se tornar o decano da Harvard Business School.

para antecipar tendências emergentes e ligar os pontos. Essas têm sido as características comuns da liderança eficaz em todas as gerações e, na quarta revolução industrial, elas são um pré-requisito para a adaptação e a sobrevivência.

Para desenvolver a inteligência contextual, os tomadores de decisão devem primeiro compreender o valor das diversas redes. Elas só conseguem enfrentar níveis significativos de ruptura e descontinuidade se possuírem muitas conexões e estiverem bem ligadas através de fronteiras tradicionais. Os decisores devem possuir capacidade e disponibilidade para envolver-se com todos aqueles que têm interesse pela questão em pauta. Dessa forma, devemos aspirar a sermos mais conectados e inclusivos.

Somente reunindo e trabalhando em colaboração com líderes de empresas, de governos, de sociedades civis, religiosos, acadêmicos e da geração mais jovem que será possível termos uma perspectiva holística sobre o que está acontecendo. Além disso, isso será fundamental para desenvolvermos e implementarmos ideias e soluções integradas que resultarão em uma mudança sustentável.

Este é o princípio incorporado na Teoria do *Multi-stakeholder* (muitas vezes chamada pelas comunidades do Fórum Econômico Mundial de o Espírito de Davos), proposta por mim pela primeira vez em um livro publicado em 1971.[70] As fronteiras entre setores e profissões são artificiais e mostram-se cada vez mais contraproducentes. Mais do que nunca, é preciso derrubar essas barreiras para que possamos forjar parcerias eficazes ao nos engajarmos ao poder das redes. Empresas e organizações que não conseguirem fazer isso, e que deixem de fazer o que propõem por meio da construção de diversas equipes, terão dificuldades para se ajustar às rupturas da era digital.

Os líderes também devem provar serem capazes de mudar suas estruturas mentais e conceituais, bem como seus princípios de organização. No mundo de rupturas e rápidas mudanças de hoje, o pensamento de silo e a visão fixa do futuro é algo fossilizante, por isso é melhor, na dicotomia apresentada pelo filósofo Isaiah Berlin em seu ensaio de 1953 sobre escritores e pensadores, ser uma raposa do que um porco-espinho. Operar em um ambiente cada vez mais complexo e disruptivo requer a

---

70. Klaus Schwab, *Moderne Unternehmensführung im Maschinenbau (Modern Enterprise Management in Mechanical Engineering)*, VDMA, 1971.

agilidade intelectual e social da raposa, não o foco fixo e restrito do porco-espinho. Em termos práticos, isso significa que os líderes não podem manter a mentalidade de silo. A abordagem a problemas, questões e desafios deve ser holística, flexível e adaptável, continuamente integrando diferentes interesses e opiniões.

Inteligência emocional – o coração

Para complementar, não para substituir, a inteligência contextual, a inteligência emocional é um atributo cada vez mais essencial na quarta revolução industrial. Como declarou o psicólogo David Caruso do Centro de Yale para a Inteligência Emocional, ela não deve ser vista como oposta à inteligência racional ou "o triunfo do coração sobre a mente – ela é a única interseção entre ambos"[71]. Na literatura acadêmica, a inteligência emocional permite que os líderes sejam mais inovadores e ajam como agentes da mudança.

Para os líderes empresariais e políticos, inteligência emocional é a base vital das habilidades cruciais para o sucesso na era da quarta revolução industrial, a saber, o autoconhecimento, a autorregulação, a motivação, a empatia e as habilidades sociais.[72] Os acadêmicos especializados no estudo da inteligência emocional mostram que a diferença entre os grandes decisores e os decisores comuns está em seu grau de inteligência emocional e na capacidade de cultivarem essa qualidade de forma contínua.

Em um mundo caracterizado pela mudança persistente e intensa, as instituições que possuem muitos líderes com alta inteligência emocional serão mais criativas e estarão mais bem equipadas para serem mais ágeis e resilientes – uma característica essencial para lidar com as rupturas. A mentalidade digital, capaz de institucionalizar a colaboração interfuncional, achatar as hierarquias e construir ambientes que incentivem uma geração de novas ideias, depende profundamente da inteligência emocional.

Inteligência inspirada – a alma

Ao lado das inteligências contextual e emocional, há um terceiro componente crítico para conseguirmos navegar efetivamente pela quarta re-

---

71. Citado em: Peter Snow, *The Human Psyche in Love, War & Enlightenment*, Boolarong Press, 2010.
72. Daniel Goleman, "What Makes A Leader?", *Harvard Business Review*, jan. 2004. Disponível em: https://hbr.org/2004/01/what-makes-a-leader.

volução industrial. É o que chamo de inteligência inspirada. Inspirar, do latim *spirare*, isto é, respirar; a inteligência inspirada é a busca contínua de significado e propósito. Seu foco é fomentar o impulso criativo e elevar a humanidade a uma nova consciência coletiva e moral, com base em um sentimento compartilhado de destino.

Compartilhar é a ideia-chave. Conforme mencionei anteriormente, se a tecnologia é uma das possíveis razões por que estamos nos movendo rumo a uma sociedade centrada no indivíduo, será absolutamente necessário reequilibrar essa tendência em direção ao foco sobre o "eu" com um sentimento generalizado de objetivo comum. Estamos nisso juntos e corremos o risco de não conseguirmos lidar com os desafios da quarta revolução industrial nem colhermos todos os seus benefícios, a menos que nós, coletivamente, desenvolvamos um sentimento de propósito comum.

Para fazer isso, a confiança é essencial. Um elevado nível de confiança favorece o envolvimento e o trabalho em equipe, e isso se torna ainda mais forte na quarta revolução industrial, pois em seu cerne está a inovação colaborativa. Este processo somente poderá ocorrer se for criado em um ambiente de confiança, pois existem muitos componentes e problemas diferentes envolvidos. Em última análise, todas as partes interessadas devem cumprir seu papel no sentido de garantir que as inovações sejam direcionadas para o bem comum. A confiança será corroída se qualquer um dos grupos de partes interessadas (*stakeholders*) achar que este não é o caso.

Em um mundo onde nada mais é constante, a confiança torna-se uma das mais valiosas características. A confiança só pode ser obtida e mantida se os decisores estiverem incorporados a uma comunidade e suas decisões estiverem sempre ligadas ao interesse comum e nunca a uma busca de objetivos individuais.

Inteligência física – o corpo

As inteligências contextual, inspirada e emocional são as características essenciais para lidarmos com a quarta revolução industrial e nos beneficiarmos dela. Elas precisam, no entanto, do apoio vital de uma quarta forma de inteligência – a física, que consiste, entre outros, em apoiar e nutrir o bem-estar e a saúde pessoal. Isso é crucial, pois a aceleração do ritmo das mudanças, o aumento de complexidade e do número de agentes envolvidos em nossos processos decisórios indicam a necessidade essencial de se manter em forma e manter a calma sob pressão.

A epigenética, um campo da biologia que floresceu nos últimos anos, é o processo pelo qual o ambiente modifica a expressão de nossos genes. Indiscutivelmente, isso mostra a importância crítica do sono, da nutrição e dos exercícios em nossas vidas. O exercício regular, por exemplo, tem um impacto positivo sobre como pensamos e nos sentimos. Ele afeta diretamente o nosso desempenho no trabalho e, por fim, nossa capacidade de obter sucesso.

Entender e aprender novas maneiras para manter nossos corpos físicos em harmonia com nossas mentes, nossas emoções, e o resto do mundo é extremamente importante; estamos aprendendo mais sobre isso por meio dos incríveis progressos em inúmeras áreas, incluindo as ciências médicas, os dispositivos vestíveis, as tecnologias implantáveis e as pesquisas sobre o cérebro. Além disso, costumo dizer que um líder precisa ter "nervos de aço" para efetivamente administrar os diversos, simultâneos e complexos desafios que enfrentamos. Isso será cada vez mais importante para que possamos navegar e aproveitar as oportunidades da quarta revolução industrial.

Rumo a um novo renascimento cultural

Segundo o poeta Rainer Maria Rilke, "o futuro nos invade... a fim de, dentro da gente, transformar-se antes mesmo de ocorrer"[73]. Não podemos esquecer que a era em que vivemos atualmente, o antropoceno ou Idade Humana, marca a primeira vez na história do mundo em que as atividades humanas são a principal força de transformação de todos os sistemas de manutenção da vida na Terra.

Depende de nós.

Hoje, nos vemos no início da quarta revolução industrial, olhando para a frente e, mais importante, temos a capacidade de influenciar esse caminho.

Saber o que é necessário para prosperar é uma coisa; agir é outra. Para onde tudo isso está nos levando? Como podemos estar bem preparados?

Voltaire, o filósofo francês e escritor do Iluminismo, que viveu por muitos anos a apenas alguns quilômetros de onde estou escrevendo este livro, uma vez disse: "A dúvida é uma condição desconfortável, mas a certeza é ridícula"[74]. Com efeito, seria ingenuidade afirmar que sabemos

---

73. Rainer Maria Rilke, *Letters to a Young Poet*, Insel Verlag, 1929.
74. Voltaire escreveu em francês: *"Le doute n'est pas une condition agréable, mais la certitude est absurde."*. "On the Soul and God", carta para Frederick William, Príncipe da Prússia, 28 nov. 1770. *In*:

exatamente para onde a quarta revolução industrial nos levará. Mas seria igualmente ingênuo ficar paralisado por medo e pela incerteza sobre o que poderá acontecer. Conforme tenho enfatizado ao longo deste livro, o eventual curso tomado pela quarta revolução industrial será, em última instância, determinado por nossa capacidade de moldá-la de modo que ela desencadeie todo o seu potencial.

Claramente, os desafios são tão assustadores como as oportunidades são convincentes. Juntos, devemos trabalhar para transformar esses desafios em oportunidades, ao nos prepararmos de forma adequada – e proativa – para seus efeitos e impactos. O mundo está em rápida mudança, hiperconectado, cada vez mais complexo e mais fragmentado, mas nós ainda podemos moldar o nosso futuro de uma forma que beneficie a todos. A janela de oportunidade para fazer isso é agora.

Como um primeiro passo vital, precisamos continuar a aumentar a conscientização e a compreensão em todos os setores da sociedade, que é o que este livro pretende alcançar. Devemos parar de pensar de maneira compartimentada na tomada de decisões – particularmente porque os desafios que enfrentamos estão cada vez mais interligados. Somente uma abordagem inclusiva poderá engendrar a compreensão necessária para abordar as muitas questões levantadas pela quarta revolução industrial. Isso exigirá estruturas colaborativas e flexíveis, que reflitam a integração dos vários ecossistemas e que levem em conta todas as partes interessadas, reunindo o público e o privado, bem como as mentes de todas as origens e mais informadas do mundo.

Em segundo lugar, aproveitando o entendimento compartilhado, precisamos desenvolver narrativas positivas, comuns e abrangentes sobre como nós podemos moldar a quarta revolução industrial para as gerações atuais e futuras. Embora não saibamos o conteúdo exato dessas narrativas, sabemos as características cruciais que devem conter. Por exemplo, elas devem explicitar os valores e os princípios éticos que nossos futuros sistemas devem encarnar. Os mercados são fatores eficazes de criação de riqueza, mas precisamos assegurar que os valores e a ética sejam o centro de nossos comportamentos individuais e coletivos, bem como dos sistemas que alimentam. Essas narrativas devem também evoluir progressivamente para

---

S. G. Tallentyre, trad., *Voltaire in His Letters: Being a Selection from His Correspondence*, G. P. Putnam's Sons, 1919.

perspectivas mais amplas, desde a tolerância e o respeito até o cuidado e à compaixão. Elas devem também ser empoderadoras e inclusivas, guiadas por valores compartilhados que incentivem isso.

Em terceiro lugar, com base na consciência obtida e narrativas compartilhadas, devemos iniciar a reestruturação de nossos sistemas econômicos, sociais e políticos para tirar o máximo proveito das oportunidades apresentadas. Está claro que nossos modelos dominantes de criação de riqueza e os atuais sistemas de tomada de decisão foram projetados e evoluíram de modo incremental ao longo das três primeiras revoluções industriais. Esses sistemas, no entanto, já não estão equipados para cumprir as necessidades da geração atual e, particularmente, das futuras gerações no contexto da quarta revolução industrial. Claramente, isso exigirá uma inovação sistêmica e não pequenos ajustes ou reformas marginais.

Conforme mostrado por essas três etapas, não chegaremos lá sem a contínua cooperação e diálogo – local, nacional e supranacional, dando voz a todas as partes interessadas. Precisamos nos concentrar em fazer que condições subjacentes estejam corretas e não apenas darmos atenção aos aspectos técnicos. Segundo o evolucionista Martin Nowak, professor de matemática e biologia na Universidade de Harvard, a cooperação é "a única coisa que irá redimir a humanidade"[75]. Como a principal arquiteta de 4 bilhões de anos de evolução, a cooperação tem sido uma força motriz porque permite que nos adaptemos em meio à complexidade crescente e, além disso, fortalece a coesão política, econômica e social, pela qual alcançamos um progresso significativo.

Com a eficaz cooperação das múltiplas partes interessadas (*multistakeholder*), estou convencido de que a quarta revolução industrial conseguirá direcionar os grandes desafios que o mundo enfrenta atualmente – e, possivelmente, resolvê-los.

No final, tudo dependerá das pessoas, da cultura e dos valores. De fato, precisamos trabalhar muito para garantir que todos os cidadãos de todas as culturas, nações e grupos econômicos compreendam a necessidade de dominar a quarta revolução industrial e seus desafios civilizacionais.

Teremos de, juntos, dar forma a um futuro que funcione para todos ao colocar as pessoas em primeiro lugar, capacitando-as e, constantemente,

---

75. Martin Nowak com Roger Highfield, *Super Cooperators: Altruism, Evolution, and Why We Need Each Other to Succeed*, Free Press, 2012.

nos lembrando de que todas essas novas tecnologias são sobretudo ferramentas feitas por pessoas e para pessoas.

Assumamos, portanto, uma responsabilidade coletiva por um futuro em que a inovação e a tecnologia estão focadas na humanidade e na necessidade de servir ao interesse público, e estejamos certos de empregá-las para conduzir-nos para um desenvolvimento mais sustentável.

Podemos ir ainda mais longe. Acredito firmemente que a nova era tecnológica, caso seja moldada de forma ágil e responsável, poderá dar início a um novo renascimento cultural que permitirá que nos sintamos parte de algo muito maior do que nós mesmos – uma verdadeira civilização global. A Quarta Revolução Industrial poderá robotizar a humanidade e, portanto, comprometer as nossas fontes tradicionais de significado – trabalho, comunidade, família e identidade. Ou, então, podemos usar a Quarta Revolução Industrial para elevar a humanidade a uma nova consciência coletiva e moral, baseada em um senso de destino comum. Cabe a todos nós garantir a ocorrência desse segundo cenário.

APÊNDICE
A mudança profunda

Na quarta revolução industrial, a conectividade digital possibilitada por tecnologias de *software* está mudando profundamente a sociedade. A escala do impacto e a velocidade das mudanças fazem que a transformação seja diferente de qualquer outra revolução industrial da história da humanidade. O Conselho da Agenda Global do Fórum Econômico Mundial sobre o futuro do *Software* e da Sociedade realizou uma pesquisa com 800 executivos para avaliar quando os líderes empresariais acreditariam que essas tecnologias revolucionárias poderiam chegar ao domínio público em grau significativo e para compreender plenamente as implicações dessas mudanças para indivíduos, organizações, governo e sociedade.

O relatório de pesquisa *Mudança Profunda – Pontos de Inflexão Tecnológicos e Impactos Sociais* foi publicado em setembro de 2015.[76] A seguir estão reproduzidas as 21 mudanças tecnológicas, apresentadas no estudo e duas adicionais, com os pontos de inflexão dessas tecnologias e as datas esperadas de sua chegada ao mercado.

Mudança 1: Tecnologias implantáveis

O ponto de inflexão: o primeiro telefone celular implantável e disponível comercialmente.

Até 2025: 82% dos entrevistados esperam que esse ponto de inflexão ocorra.

As pessoas estão se tornando cada vez mais conectadas a dispositivos, e esses dispositivos estão cada vez mais se tornando conectados aos seus corpos. Os dispositivos não estão apenas sendo usados, mas também implantados

---

76. Fórum Econômico Mundial, *Deep Shift – Technology Tipping Points and Societal Impact*, Survey Report, Global Agenda Council on the Future of Software and Society, nov. 2015.

nos corpos, servindo a comunicações, localização e monitoramento de comportamento e de funções de saúde.

Marca-passos e implantes cocleares foram apenas o começo, muitos outros dispositivos estão sendo constantemente lançados. Esses dispositivos poderão sentir os parâmetros das doenças; eles irão permitir que os indivíduos tomem medidas, enviem dados para centros de monitoramento ou liberem medicamentos automaticamente.

As tatuagens inteligentes e outros *chips* exclusivos poderiam ajudar na identificação e na localização. Os dispositivos implantados, de certa forma, ajudarão também a comunicar pensamentos normalmente expressados de forma verbal por meio de um *smartphone* interno e, possivelmente, pensamentos não expressados ou estados de humor por leitura de ondas cerebrais e outros sinais.

Impactos positivos

- Redução de crianças desaparecidas.
- Aumento dos resultados positivos na saúde.
- Aumento da autossuficiência.
- Melhor tomada de decisão.
- Reconhecimento de imagem e disponibilidade de dados pessoais (rede anônima que irá dar um *yelp*[77] para as pessoas).

Impactos negativos

- Privacidade/potencial vigilância.
- Diminuição da segurança dos dados.
- Escapismo e vício.
- Aumento das distrações (ou seja, transtorno do déficit de atenção).

Desconhecido, ou positivo e negativo

- Vidas mais longas.
- Natureza mutável das relações humanas.
- Mudanças nas relações e interações humanas.
- Identificação em tempo real.
- Mudança cultural (memória eterna).

---

77. Tomei emprestado o conceito do *site* yelp.com, em que as pessoas seriam capazes de oferecer comentários diretamente para os outros e essas críticas seriam gravadas e/ou compartilhadas *on-line* através de *chips* implantados.

A mudança em ação

– Tatuagens digitais não são apenas bonitas, mas podem também executar tarefas úteis, como desbloquear um carro, digitar os códigos de um telefone celular ao apontar o dedo ou acompanhar os processos físicos do corpo.

Fonte: Disponível em: https://wtvox.com/3d-printing-in-wearable-tech/top-10-implantable-wearables-soon-body/.

– De acordo com um artigo da *WT VOX*: "A poeira inteligente – matrizes de computadores completos com antenas, cada uma muito menor que um grão de areia – pode agora se organizar dentro do corpo em redes conforme sejam necessárias para alimentar toda uma gama de processos internos complexos. Imagine enxames disso atacando as primeiras células cancerosas, trazendo alívio para a dor de um ferimento ou mesmo armazenando informações pessoais essenciais de uma forma profundamente criptografada e difícil de serem "hackeada". Com a poeira inteligente, os médicos poderão agir dentro de seu corpo sem precisar cortá-lo e as informações poderiam ser armazenadas dentro de seu corpo, de maneira profundamente criptografada, até você desbloqueá-las a partir de sua nanorede extremamente pessoal".

Fonte: Disponível em: https://wtvox.com/3d-printing-in-wearable-tech/top-10-implantable-wearables-soon-body/.

– A pílula inteligente, desenvolvida pela Proteus Biomedical e Novartis, possui um dispositivo digital biodegradável anexado a ela que transmite dados para o seu telefone sobre como o corpo está interagindo com a medicação.

Fonte: Disponível em: http://cen.acs.org/articles/90/i7/Odd-Couplings.html.

Mudança 2: Nossa presença digital

O ponto de inflexão: 80% das pessoas com presença digital na internet.
Até 2025: 84% dos entrevistados esperam que esse ponto de inflexão ocorra.

A presença no mundo digital tem evoluído rapidamente nos últimos 20 anos ou mais. Há apenas 10 anos, isso significava ter um número de celular, um endereço de *e-mail* e talvez um *site* pessoal ou página do MySpace.

Agora, a presença digital das pessoas se dá por meio de suas interações digitais e vestígios através de uma infinidade de plataformas *on-line* e mídias. Muitas pessoas têm mais de uma presença digital, tais como uma página do Facebook, conta no Twitter, perfil do LinkedIn, Blog no Tumblr, conta do Instagram e, por vezes, mais do que isso.

Em nosso mundo cada vez mais conectado, a vida digital está se tornando intimamente associada à vida de uma pessoa física. No futuro, desenvolver e gerenciar uma presença digital será tão comum quanto quando as pessoas decidem como se apresentar ao mundo todos os dias através da moda, palavras e atos. Nesse mundo conectado e por intermédio da sua presença digital, as pessoas poderão procurar e compartilhar informações, expressar livremente suas ideias, encontrar e ser encontradas e desenvolver e manter relacionamentos virtualmente em qualquer lugar no mundo.

Impactos positivos

– Aumento da transparência.
– Maior e mais rápida interconexão entre os indivíduos e grupos.
– Aumento da liberdade de expressão.
– Difusão/troca de informações mais rápidas.
– Utilização mais eficiente dos serviços públicos.

Impactos negativos

– Privacidade/potencial vigilância.
– Mais roubos de identidade.
– Assédio moral/perseguição *on-line*.
– Pensamento de grupo dentro de grupos de interesse e a crescente polarização.
– Divulgação de informações imprecisas (a necessidade de gestão da reputação); câmaras de eco[78].
– Falta de transparência, na qual os indivíduos não têm acesso a algoritmos de informações (para notícias/informações).

Desconhecido, ou positivo e negativo

– Legados/pegadas digitais.
– Mais publicidade direcionada.
– Informações e notícias mais personalizadas.

---

78. "Câmara de eco" são as pessoas que concordam com os outros sem fazer questionamentos, ou que repetem o que dizem sem pensar ou questionar.

- Caracterização do perfil individual.
- Identificação permanente (sem anonimato).
- Facilidade para criar movimentos sociais *on-line* (grupos políticos, grupos de interesses, *hobbies*, grupos terroristas).

A mudança em ação

Se os três *sites* mais populares de mídia social fossem países, eles teriam 1 bilhão de pessoas a mais que a China (ver Figura I).

Figura I. Usuários ativos de *sites* de mídia social em comparação com as populações dos maiores países do mundo

Top 10 Populações (em milhões)

1		Facebook	1.400
2		China	1.360
3		Índia	1.240
4		Twitter	646
5		EUA	318
6		Indonésia	247
7		Brasil	202
8		Paquistão	186
9		Nigéria	173
10		Instagram	152

Fonte: Disponível em: http://mccrindle.com.au/the-mccrindle-blog/social-media-and-narcissism.

Mudança 3: A visão como uma nova interface

O ponto de inflexão: 10% de óculos de leitura conectados à internet.

Até 2025: 86% dos entrevistados esperam que esse ponto de inflexão ocorra.

O Google Glass é apenas a primeira de muitas maneiras possíveis em que óculos, lentes/fones de ouvido e dispositivos de rastreamento ocular podem se tornar "inteligentes" e levar os olhos e a visão a se tornarem a conexão com a internet e com os dispositivos conectados.

Com acesso direto a aplicações e dados da internet e através da visão, as experiências do indivíduo podem ser reforçadas, mediadas ou completamente aumentadas para oferecer uma realidade diferente e imersiva. Também, com as tecnologias emergentes de rastreamento ocular, os dispositivos podem alimentar informações por meio de interfaces visuais e os olhos podem ser a fonte para interagir e responder às informações.

A visão como uma interface imediata e direta – fornecendo instruções, visualização e interação – poderá mudar a maneira que certos aspectos estão ajudando as pessoas a se envolver mais profundamente com o mundo por meio da aprendizagem, da navegação, da instrução e do *feedback* para a produção de bens e serviços, bem como pela forma que vivenciamos o entretenimento e pela capacitação de pessoas com deficiências.

Impactos positivos

- Informações imediatas para que o indivíduo possa tomar decisões informadas para atividades de navegação e pessoais/de trabalho.
- Melhor capacidade para executar tarefas ou produzir bens e serviços com recursos visuais para fabricação, saúde/cirurgia e entrega de serviços.
- Capacitar as pessoas com deficiências a gerenciar suas interações e movimentos, bem como para vivenciar o mundo – através da fala, da digitação e do movimento e por meio de experiências imersivas.

Impactos negativos

- Distração mental, causando acidentes.
- Trauma originado de experiências imersivas negativas.
- Aumento da dependência e escapismo.

Desconhecido, ou positivo e negativo

- Criação de um novo segmento para a indústria do entretenimento.
- Aumento das informações imediatas.

A mudança em ação

Já existem óculos no mercado atualmente (não apenas produzido pelo Google) que podem:
- Possibilitar a livre manipulação de um objeto em 3D, permitindo que ele seja moldado como o se fosse argila.
- Fornecer todas as informações adicionais ao vivo que você precisa quando você vê algo, da mesma forma que o cérebro faria.

- Mostrar um *menu* do restaurante pelo qual você está passando.
- Projetar fotos ou vídeos em qualquer folha de papel.

Fonte: Disponível em: http://www.hongkiat.com/blog/augmented-reality-smart-glasses/.

Mudança 4: Tecnologia vestível

O ponto de inflexão: 10% das pessoas com roupas conectadas à internet.

Até 2025: 91% dos entrevistados esperam que esse ponto de inflexão ocorra.

A tecnologia está se tornando cada vez mais pessoal. Os primeiros computadores precisavam ser montados em grandes salas, depois em mesas e, em seguida, passaram para o colo das pessoas. Atualmente, a tecnologia pode ser encontrada nos celulares que as pessoas carregam em seus bolsos, mas, em breve, ela estará diretamente integrada em roupas e acessórios.

Lançado em 2015, o Apple Watch está ligado à internet e contém muitas das mesmas funções de um *smartphone*. Cada vez mais, serão incorporados *chips* a roupas e outros equipamentos usados pelas pessoas que conectarão os vestuários e a própria pessoa que os usa à internet.

Impactos positivos

- Resultados mais positivos para a saúde, levando a uma vida mais longa.
- Maior autossuficiência.
- Administração da própria saúde.
- Melhor tomada de decisão.
- Diminuição do desaparecimento de crianças.
- Roupas personalizadas (alfaiataria, *design*).

Impactos negativos

- Privacidade/potencial vigilância.
- Escapismo e vício.
- Segurança de dados.

Desconhecido, ou positivo e negativo

- Identificação em tempo real.
- Mudanças nas relações e interações humanas.
- Reconhecimento de imagem e disponibilidade de dados pessoais (rede anônima que irá dar um *yelp* para as pessoas).

A mudança em ação

A Gartner, empresa de pesquisa e consultoria, estima que cerca de 70 milhões de relógios inteligentes e outras pulseiras (*bands*) serão vendidos em 2015; esse total aumentará para 514 milhões em cinco anos.

Fonte: Disponível em: http://www.zdnet.com/article/wearables-internet-of-thingsmuscle-in-on-smartphone-spotlight-at-mwc/.

A Mimo Baby criou uma babá eletrônica vestível que informa sobre a respiração do bebê, a posição de seu corpo, as atividades de sono etc.; os dados podem ser visualizados em um *iPad* ou *smartphone*. (Isso causou certa controvérsia: qual a linha que separa o que é algo que ajuda e a criação de uma solução para um problema que não existe? Neste caso, os adeptos dizem que o dispositivo ajuda o bebê a dormir melhor, enquanto os críticos dizem que os pais estão sendo substituídos pelos sensores.)

Fontes: Disponíveis em: http://mimobaby.com/; http://money.cnn.com/2015/04/16/small business/mimo-wearable-baby-monitor/.

A Ralph Lauren desenvolveu uma camiseta esportiva que fornece dados dos exercícios em tempo real, medindo o suor, os batimentos cardíacos, a intensidade da respiração etc.

Fonte: Disponível em: http://www.ralphlauren.com/product/index.JSP?productId=69917696& ab=rd_men_features_thepolotechshirt&cp=64796626.65333296.

Mudança 5: Computação ubíqua

O ponto de inflexão: 90% da população com acesso regular à internet.
Até 2025: 79% dos entrevistados esperam que esse ponto de inflexão ocorra.

A computação está se tornando mais acessível a cada dia; a capacidade de processamento nunca esteve mais disponível para as pessoas – seja por meio de um computador com conexão à internet, seja por um *smartphone* com 3G/4G ou serviços na nuvem.

Hoje, 43% da população mundial está conectada à internet.[79] 1,2 bilhão de *smartphones* foram vendidos somente em 2014.[80] Estima-se que em 2015 as

---

79. Internet live stats, "Internet users in the world". Disponíveis em: http://www.internetlivestats.com/internet-users/; http://www.worldometers.info/world-population/.
80. "Gartner Says Worldwide Traditional PC, Tablet, Ultramobile and Mobile Phone Shipments to Grow 4.2 Percent in 2014", Gartner, 7 jun. 2014. Disponível em: http://www.gartner.com/newsroom/id/2791017.

vendas de *tablets* ultrapassarão as vendas de computadores pessoais (PCs) e que a cada computador vendido, seis telefones celulares terão saído das lojas.[81] Tendo em vista que internet tem superado todos os outros canais de mídia na velocidade de sua adoção, espera-se que, em poucos anos, três quartos da população mundial terão acesso regular à rede.

No futuro, o acesso regular à internet e às informações deixará de ser um benefício de economias desenvolvidas, mas um direito básico, como água limpa. Já que as tecnologias sem fios requerem infraestruturas menores do que muitos outros serviços (eletricidade, estradas e água), elas, muito provavelmente, se tornarão acessíveis muito mais rapidamente do que os outros. Portanto, qualquer pessoa de qualquer país será capaz de acessar e interagir com as informações do canto oposto do mundo. A criação de conteúdo e a disseminação se tornarão mais fáceis do que nunca.

Impactos positivos

– Maior participação econômica das populações desfavorecidas, localizadas em regiões remotas ou subdesenvolvidas ("última milha" ou "último quilômetro").
– Acesso aos serviços de educação, saúde e governo.
– Presença.
– Acesso ao conhecimento, maior emprego, mudança nos tipos de trabalho.
– Expansão do tamanho do mercado/comércio eletrônico.
– Mais informações.
– Maior participação cívica.
– Democratização/mudanças políticas.
– "Última milha": maior transparência e participação, contra o aumento da manipulação e câmaras de eco.

Impactos negativos

– Aumento da manipulação e câmaras de eco.
– Fragmentação política.
– Jardins murados (ou seja, ambientes limitados para apenas usuários autenticados) não permitem acesso total a alguns países/regiões.

---

81. "Number of Smartphones Sold to End Users Worldwide from 2007 to 2014 (in Million Units)", statista, 2015. Disponível em: http://www.statista.com/statistics/263437/globalsmartphone-sales-to-end-users-since-2007/.

A mudança em ação

Para tornar a internet disponível para os próximos 4 bilhões de usuários, devemos superar dois desafios principais: o acesso deve estar disponível e deve ser acessível. A corrida para proporcionar acesso à rede para o resto do mundo está em andamento. Mais de 85% da população mundial já vive a poucos quilômetros de uma torre de celular que pode oferecer o serviço de internet.[82] As operadoras de telefones celulares ao redor do mundo estão expandindo rapidamente o acesso à internet. O projeto Internet.org do Facebook possui operadoras de redes móveis e já garantiu o acesso gratuito a serviços básicos de internet para mais de 1 bilhão de pessoas em 17 países no ano passado.[83] Além disso, muitas iniciativas estão em curso para conectar as regiões mais remotas de forma barata: o Internet.org do Facebook está desenvolvendo *drones* de internet, o projeto Loon da Google está usando balões e a SpaceX está investindo em novas redes de satélite de baixo custo.

Mudança 6: Um supercomputador no seu bolso

O ponto de inflexão: 90% da população com *smartphones*.

Até 2025: 81% dos entrevistados esperam que esse ponto de inflexão ocorra.

Já em 2012, a equipe do *Google Inside Search* publicou: "É utilizada a mesma quantidade de processamento para responder a uma busca no Google que o processamento utilizado – em voo e no chão – em todo o programa Apollo!"[84]. Além disso, os *smartphones* e *tablets* atuais contêm mais capacidade de processamento que muitos dos antigos supercomputadores, que costumavam encher uma sala inteira.

Espera-se que o número total de assinantes de telefonia celular (*smartphones*) seja de 3,5 bilhões em 2019, isto é, taxa de penetração de 59%, superando a taxa de penetração de 50% em 2017 e enfatizando o crescimento significativo desde a taxa de 2013, isto é, 28%.[85] No Quênia, a Safaricom, ope-

---

82. Lev Grossman, "Inside Facebook's Plan to Wire the World", *Time*, 15 dez. 2014. Disponível em: http://time.com/facebook-world-plan/.
83. "One Year In: Internet.org Free Basic Services", *Facebook Newsroom*, 26 jul. 2015. Disponível em: http://newsroom.fb.com/news/2015/07/one-year-in-internet-org-free-basic-services/.
84. Udi Manber e Peter Norvig, "The Power of the Apollo Missions in a Single Google Search", Google Inside Search, 28 ago. 2012. Disponível em: http://insidesearch.blogspot.com/2012/08/the-power-of-apollo-missions-in-single.html.
85. Satish Meena, "Forrester Research World Mobile And Smartphone Adoption Forecast, 2014 To 2019 (Global)", Forrester Research, 8 ago. 2014. Disponível em: https://www.forrester.com/

radora líder de serviços móveis, informou que 67% de suas vendas em 2014 foram de *smartphones* e a GSMA prevê que a África terá mais de meio bilhão de usuários de *smartphones* até 2020.[86]

A mudança dos aparelhos já ocorreu em muitos países em continentes diferentes (atualmente, a Ásia lidera essa tendência), pois mais pessoas estão usando seus telefones inteligentes em vez de PCs tradicionais. A adoção de *smartphones* tende a acelerar com os avanços da tecnologia para a miniaturização dos aparelhos, aumento da capacidade de processamento e, especialmente, diminuição do preço dos produtos eletrônicos.

Segundo o Google, os países da Figura II (ver p. 126) utilizam mais *smartphone*s que PCs.

Países como Singapura, Coreia do Sul e os Emirados Árabes Unidos (EAU) são os que estão mais perto de atingir o ponto de inflexão de 90% da população adulta utilizando *smartphones* (Figura III, p. 127).

A sociedade está a caminho de adotar máquinas ainda mais velozes que permitirão aos usuários realizar tarefas complicadas em qualquer lugar. Provavelmente, o número de dispositivos que cada pessoa usa crescerá bastante, não só por suas novas funções, mas também em razão do surgimento de aparelhos para tarefas especializadas.

Impactos positivos

— Maior participação econômica das populações desfavorecidas, localizadas em regiões remotas ou subdesenvolvidas ("último quilômetro").
— Acesso aos serviços de educação, saúde e governo.
— Presença.
— Acesso ao conhecimento, maior emprego, mudança nos tipos de trabalhos.
— Expansão do tamanho do mercado/comércio eletrônico.
— Mais informações.
— Maior participação cívica.
— Democratização/mudanças políticas.
— "Último quilômetro": maior transparência e participação, contra o aumento da manipulação e câmaras de eco.

Forrester+Research+World+Mobile+And+Smartphone+Adoption+Forecast+2014+To+2019+Global/fulltext/-/E-RES118252.
86. GSMA, "New GSMA Report Forecasts Half a Billion Mobile Subscribers in Sub-Saharan Africa by 2020", 6 nov. 2014. Disponível em: http://www.gsma.com/newsroom/press-release/gsma-report-forecasts-half-a-billion-mobile-subscribers-ssa-2020/.

126 | A QUARTA REVOLUÇÃO INDUSTRIAL

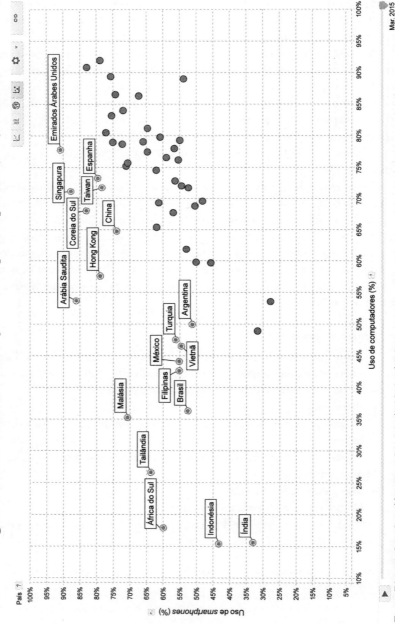

Figura II. Países com maior utilização de *smartphones* que PCs (março de 2015)

Fonte: Disponível em: http://www.google.com.sg/publicdata/explore.

APÊNDICE – A MUDANÇA PROFUNDA | 127

Figura III. Países com quase 90% da população adulta que usa *smartphones* (março de 2015)

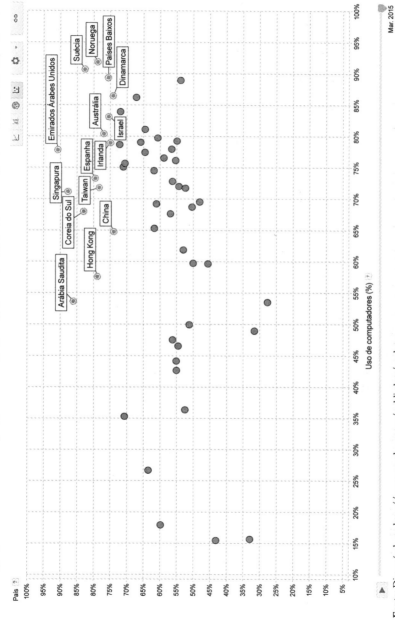

Fonte: Disponível em: http://www.google.com.sg/publicdata/explore.

Impactos negativos
- Aumento da manipulação e câmaras de eco.
- Fragmentação política.
- Jardins murados (ou seja, ambientes limitados, para apenas usuários autenticados) não permitem acesso total a alguns países/regiões.

Desconhecido, ou positivo e negativo
- 24/7 – sempre ligado.
- Perda da divisão entre as atividades pessoais e comerciais.
- Estar em qualquer lugar/em toda parte.
- Impacto ambiental da fabricação.

A mudança em ação

Em 1985, o supercomputador Cray-2 era a máquina mais rápida do mundo. A capacidade do iPhone 4, lançado em junho de 2010, era equivalente ao Cray-2; agora, apenas cinco anos mais tarde, o relógio da Apple tem a velocidade equivalente a dois iPhones 4.[87] Tendo em vista a queda contínua do preço de varejo ao consumidor dos *smartphones* para abaixo dos US$ 50, o aumento vertiginoso da capacidade de processamento e a aceleração da adoção pelos mercados emergentes, em breve, quase todos terão, literalmente, um supercomputador no bolso.

Fonte: Disponível em: http://pages.experts-exchange.com/processing-power-compared/.

Mudança 7: Armazenamento para todos

O ponto de inflexão: 90% das pessoas com armazenamento ilimitado e gratuito (financiado por propagandas publicitárias).
Até 2025: 91% dos entrevistados esperam que esse ponto de inflexão ocorra.

A capacidade de armazenamento evoluiu de forma tremenda nos últimos anos; um número crescente de empresas já oferece espaço quase gratuitamente para seus usuários como parte dos benefícios de seus serviços. Os usuários estão produzindo quantidades cada vez maiores de conteúdo, sem se preocupar em precisar apagá-los para liberar mais espaço. Existe uma tendência clara em "comoditizar" a capacidade de armazenamento. Uma razão para isso

---

87. "Processing Power Compared: Visualizing a 1 Trillion-fold Increase in Computing Performance", *Experts Exchange*. Disponível em: http://pages.experts-exchange.com/processing-power-compared/.

é que o preço de armazenamento (Figura IV, p. 130) caiu exponencialmente (por um fator de aproximadamente dez, em cinco anos). Estima-se que 90% dos dados do mundo foram criados nos últimos dois anos, e a quantidade de informações criada pelas empresas está dobrando a cada 1,2 ano.[88] O armazenamento já se tornou uma mercadoria e as empresas como a Amazon Web Services e o Dropbox lideram essa tendência. O mundo caminha para a completa comoditização do armazenamento, através do acesso gratuito e ilimitado para os usuários. O melhor cenário de receitas para as empresas poderia ser a publicidade ou a telemetria.

Impactos positivos
– Sistemas jurídicos.
– Históricos acadêmicos/bolsas.
– Eficiência nas atividades comerciais.
– Extensão da memória pessoal.

Impacto negativo
– Vigilância da privacidade.

Desconhecido, ou positivo e negativo
– Memória eterna (nada é excluído).
– Aumento da criação de conteúdo, compartilhamento e consumo.

A mudança em ação
Várias empresas já oferecem armazenamento gratuito na nuvem, que variam de 2 a 50 GB.

Mudança 8: A internet das coisas e para as coisas

O ponto de inflexão: 1 trilhão de sensores conectados à internet.
Até 2025: 89% dos entrevistados esperam que esse ponto de inflexão ocorra.
Por causa do aumento contínuo da capacidade de processamento e a queda dos preços do *hardware* (que ainda está em sintonia com a lei de Moore[89]),

---

88. Elana Rot, "How Much Data Will You Have in 3 Years?", Sisense, 29 jul. 2015. Disponível em: http://www.sisense.com/blog/much-data-will-3-years/.
89. A lei de Moore afirma que, em geral, a velocidade dos processadores ou o número de transistores em uma unidade central de processamento dobram a cada dois anos.

Figura IV. Custo do disco rígido por *gigabyte* (1980-2009)

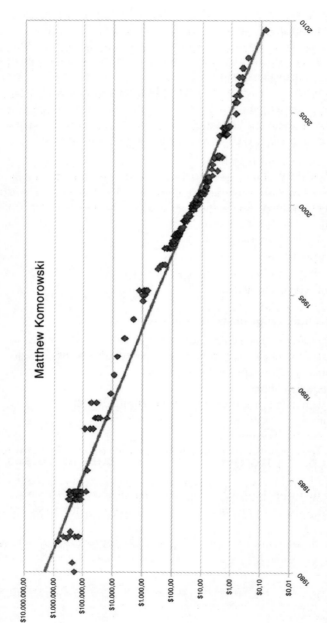

Fonte: "A History of Storage Costs" [História dos custos de armazenamento], mkomo.com, 8 set. 2009.[90]

---
[90]. "A History of Storage Costs", mkomo.com, 8 set. 2009. Disponível em: http://www.mkomo.com/cost-per-gigabyte. De acordo com o *site*, os dados foram obtidos em Notas Históricas sobre os Custos de Armazenamento dos Discos Rígidos (http://ns1758.ca/winch/winchest. html). Os dados de 2004 a 2009 foram obtidos por meio da Internet Archive Wayback Machine (http://archive.org/web/web.php).

é economicamente viável conectar tudo, literalmente, à internet. Sensores inteligentes já estão disponíveis a preços muito competitivos. Todas as coisas serão inteligentes e estarão conectadas à internet, permitindo maior comunicação e novos serviços orientados por dados com base no aumento das capacidades da análise desses dados (*analytics*).

Um estudo recente pesquisou como sensores podem ser usados para monitorar o comportamento e a saúde dos animais.[91] Foi demonstrado que os sensores conectados ao gado e comunicando-se uns com os outros através de uma rede de telefonia móvel podem fornecer dados em tempo real sobre as condições do gado de qualquer lugar.

Os especialistas sugerem que, no futuro, cada produto (físico) poderá ser conectado a uma infraestrutura de comunicação ubíqua, e os sensores ligados a tudo permitirão que as pessoas a percebam em seu ambiente de forma integral.

Impactos positivos

– Aumento da eficiência na utilização dos recursos.
– Aumento da produtividade.
– Melhoria da qualidade de vida.
– Efeito sobre o meio ambiente.
– Menor custo de prestação de serviços.
– Maior transparência em torno do uso e estado dos recursos.
– Segurança (por exemplo, aviões, comida).
– Eficiência (logística).
– Maior demanda por armazenamento e largura de banda.
– Mudança no mercado de trabalho e competências.
– Criação de novas empresas.
– Até mesmo os aplicativos em tempo real crítico são viáveis em redes de comunicação padrão.
– Projeto de produtos para que sejam "digitalmente conectáveis".
– Adição de serviços digitais para os produtos.
– "Gêmeos digitais" (*Digital twin*) fornecem dados precisos para monitoramento, controle e previsão.
– "Gêmeos digitais" tornam-se participante ativos em negócios, informações e processos sociais.

---

91. Kevin Mayer, Keith Ellis e Ken Taylor, "Cattle Health Monitoring Using Wireless Sensor Networks", Proceedings of the Communication and Computer Networks Conference, Cambridge, MA, USA, 2004. Disponível em: http://www.academia.edu/781755/Cattle_health_monitoring_using_wireless_sensor_networks.

- As coisas poderão perceber seu ambiente de forma abrangente e agir e reagir autonomamente.
- Geração de conhecimento adicional e valor com base em coisas "inteligentes" conectadas.

Impactos negativos
- Privacidade.
- Perdas de emprego para o trabalho não qualificado.
- *Hacking*, ameaça à segurança (por exemplo, rede elétrica).
- Maior complexidade e perda de controle.

Desconhecido, ou positivo e negativo
- Mudança no modelo de negócios: locação/uso de ativos em vez de propriedade (utensílios serão serviços).
- Os modelos de negócios serão impactados pelo valor dos dados.
- Todas as empresas serão potencialmente uma empresa de *software*.
- Novos negócios: venda de dados.
- Mudar de estruturas para pensar sobre a privacidade.
- Infraestrutura massivamente distribuída para as tecnologias da informação.
- Automação do trabalho do conhecimento (por exemplo, análises, avaliações, diagnósticos).
- As consequências de um possível "Pearl Harbor digital" (ou seja, *hackers* ou terroristas interrompendo infraestruturas, levando a falta de comida, combustíveis e energia por semanas).
- Maiores taxas de utilização (por exemplo, carros, máquinas, ferramentas, equipamentos, infraestrutura).

A mudança em ação

O Ford GT tem 10 milhões de linhas de código de computador.

Fonte: Disponível em: http://rewrite.ca.com/us/articles/security/iot-is-bringing-lots-ofcode-to-your-car-hackers-too.html?intcmp=searchresultclick&resultnum=2.

O novo modelo do popular VW Golf tem 54 unidades computadorizadas de processamento; até 700 unidades de dados são processadas pelo veículo, gerando seis *gigabytes* de dados por carro.

Fonte: "IT-Enabled Products and Services and IoT", Roundtable on Digital Strategies Overview, Center for Digital Strategies at the Tuck School of Business at Dartmouth, 2014.

Espera-se que mais de 50 bilhões de dispositivos estejam conectados à internet até 2020. Para comparar, a Via Láctea, a galáxia da terra, contém apenas cerca de 200 bilhões de sóis!

A Eaton Corporation inclui sensores em mangueiras de alta pressão que percebem quando a mangueira está a ponto de rasgar-se, prevenindo acidentes potencialmente perigosos e economizando com os altos custos do tempo de inatividade das máquinas que utilizam as mangueiras como componente principal.

Fonte: "The Internet of Things: the Opportunities and Challenges of Interconnectedness", Roundtable on Digital Strategies Overview, Center for Digital Strategies at the Tuck School of Business at Dartmouth, 2014.

Já no ano passado, de acordo com a BMW, 8% dos carros em todo o mundo, ou 84 milhões, estavam conectados à internet de alguma forma. Esse número crescerá para 22%, ou seja, 290 milhões de carros até 2020.

Fonte: Disponível em: http://www.politico.eu/article/google-vs-german-car-engineerindustry-american-competition/.

As companhias de seguros, como Aetna, estão pensando em como os sensores inseridos em um tapete poderiam ajudar se você tivesse um derrame. Eles detectariam quaisquer mudanças na forma do caminhar das pessoas e enviariam um profissional ao local.

Fonte: "The Internet of Things: the Opportunities and Challenges of Interconnectedness", Roundtable on Digital Strategies Overview, Center for Digital Strategies at the Tuck School of Business at Dartmouth, 2014.

Mudança 9: A casa conectada

Ponto de inflexão: mais de 50% do tráfego da internet consumida nas casas para os aparelhos e dispositivos (não para o entretenimento ou a comunicação).
Até 2025: 70% dos entrevistados esperam que esse ponto de inflexão ocorra.

No século XX, a maior parte da energia que entrava nas casas servia o consumo pessoal direto (iluminação). Mas ao longo do tempo, a quantidade de energia utilizada para esta e outras necessidades foi eclipsada por dispositivos muito mais complexos, desde torradeiras e máquina de lavar louça até televisores e aparelhos de ar-condicionado.

A internet está indo pelo mesmo caminho: atualmente, grande parte do tráfego de internet das casas serve para o consumo pessoal, para a comunicação ou o entretenimento. Além disso, mudanças extremamente rápidas já estão ocorrendo em automação residencial, permitindo que pessoas controlem as luzes, sombras, ventilação, ar-condicionado, áudio e vídeo, sistemas de segurança e eletrodomésticos. Suporte adicional é fornecido por robôs conectados para todos os tipos de serviços – como, por exemplo, aspirar o pó.

Impactos positivos

– Eficiência dos recursos (menor uso e custo de energia).
– Conforto.
– Segurança/proteção e detecção de intrusos.
– Controle de acesso.
– Compartilhamento da casa.
– Capacidade de viver de forma independente (jovens/velhos, pessoas com deficiências).
– Aumento da publicidade direcionada e do impacto global sobre os negócios.
– Redução de custos dos sistemas de saúde (menos internações e visita dos médicos para os pacientes, acompanhamento do processo ingestão de remédios/drogas).
– Monitoramento (em tempo real) e gravação em vídeo.
– Chamadas de emergência, avisos, alarmes.
– Controle remoto da casa (por exemplo, fechar a válvula de gás).

Impactos negativos

– Privacidade.
– Vigilância.
– Ciberataques, crime, vulnerabilidade.

Desconhecido, ou positivo e negativo

– Impacto à força de trabalho.
– Mudança do local de trabalho (mais em casa e fora dela).
– Privacidade, propriedade dos dados.

A mudança em ação

Um exemplo desse desenvolvimento para uso doméstico foi citado pelo site cnet.com:

A Nest, fabricante de termostatos e detectores de fumaça conectados à internet [...] anunciou [em 2014] o programa "Works with Nest" (Funciona com a Nest) para garantir que os produtos de diferentes empresas funcionem com seu *software*. Por exemplo, por sua parceria com a Mercedes-Benz, seu carro pode pedir a Nest para ligar o aquecedor de sua casa para que ela esteja quente quando você chegar [...] Em algum momento [...] polos como a Nest ajudarão as casas a sentirem o que você precisa, ajustando tudo automaticamente. Os próprios dispositivos poderão em algum instante se amalgamarem à casa, agindo apenas como sensores e dispositivos controlados a partir de um único polo.

Fonte: Richard Nieva, "Rosie or Jarvis: the future of the smart home is still in the air", 14 jan. 2015, cnet.com. Disponível em: http://www.cnet.com/news/rosie-or-jarvisthe-future-of-the-smart-home-is-still-in-the-air/.

Mudança 10: Cidades inteligentes

Ponto de inflexão: a primeira cidade com mais de 50 mil pessoas e sem semáforos.

Até 2025: 64% dos entrevistados esperam que esse ponto de inflexão ocorra.

Muitas cidades conectarão serviços, redes públicas e estradas à internet. Essas cidades inteligentes irão gerenciar sua energia, fluxos de materiais, logística e tráfego. Cidades progressistas, como Singapura e Barcelona, já estão implementando muitos novos serviços baseados em dados, incluindo soluções de estacionamento, coleta de lixo e iluminação inteligentes. As cidades inteligentes estão continuamente ampliando sua rede tecnológica de sensores e trabalhando em suas plataformas de dados, que serão o centro de conexão dos diferentes projetos tecnológicos e da adição de serviços futuros, com base na ciência da análise de dados e modelagem preditiva.

Impactos positivos
– Aumento da eficiência na utilização dos recursos.
– Aumento da produtividade.
– Aumento da densidade.
– Melhoria da qualidade de vida.
– Efeito sobre o meio ambiente.
– Maior acesso da população em geral aos recursos.
– Menor custo de prestação de serviços.
– Maior transparência em torno do uso e estado dos recursos.
– Diminuição da criminalidade.

- Aumento da mobilidade.
- Geração e consumo descentralizados de energias alternativas.
- Produção descentralizada de bens.
- Aumento da resiliência (aos impactos das mudanças climáticas).
- Redução da poluição (ar, ruído).
- Aumento do acesso à educação.
- Acessibilidade mais rápida/acelerada aos mercados.
- Mais empregos.
- Governo eletrônico mais inteligente.

Impactos negativos

- Vigilância, privacidade.
- Risco de colapso (*blackout* total) caso o sistema de energia elétrica falhe.
- Maior vulnerabilidade a ataques cibernéticos.

Desconhecido, ou positivo e negativo

- Impacto na cultura e na percepção da cidade.
- Mudança do *habitus* individual das cidades.

A mudança em ação

De acordo com um estudo publicado em *The Future of Internet*:

A cidade de Santander, no norte da Espanha, tem 20 mil sensores conectados aos edifícios, infraestruturas, transportes, redes e serviços públicos básicos. A cidade oferece um espaço físico para a experimentação e validação de funções, como protocolos de interação e de gestão, tecnologias para dispositivos e serviços de apoio, tal como descoberta, gestão de identidade e segurança.

Fonte: H. Schaffers, N. Komninos, M. Pallot, B. Trousse, M. Nilsson e A. Oliveira, "Smart Cities and the Future Internet: Towards Cooperation Frameworks for Open Innovation". In: J. Domingue et al. (eds.), *The Future of Internet*, LNCS 6656, 2011, p. 431-446. Disponível em: http://link.springer.com/chapter/10.1007%2F978-3-642-20898-0_31.

Mudança 11: *Big data* e as decisões

O ponto de inflexão: o primeiro governo a substituir o censo por fontes de *big data*.

Até 2025: 83% dos entrevistados esperam que esse ponto de inflexão ocorra.

APÊNDICE – A MUDANÇA PROFUNDA | 137

Existem mais dados sobre as comunidades do que nunca. A capacidade de compreender e gerenciar esses dados está melhorando a cada minuto. Os governos podem começar a achar que as maneiras utilizadas para a coleta de dados não são mais necessárias e voltarem-se às tecnologias de grandes volumes de dados (*big data*) para automatizar seus programas em curso e encontrar novas formas inovadoras para servir a cidadãos e clientes.

O aproveitamento do *big data* permitirá tomadas de decisão melhores e mais rápidas para uma ampla gama de indústrias e aplicações. A tomada de decisão automatizada pode reduzir as complexidades para os cidadãos e permitir que empresas e governos prestem serviços em tempo real e ofereçam suporte para tudo, desde interações com o cliente até o preenchimento de documentos tributários e o pagamento de impostos.

Os riscos e as oportunidades do aproveitamento do grande volume de dados para a tomada de decisão são significativos. O estabelecimento da confiança nos dados e nos algoritmos usados para tomar decisões será vital. As preocupações dos cidadãos, no que diz respeito à privacidade e ao estabelecimento da responsabilidade comercial e nas estruturas legais, irão exigir ajustes na forma de pensar, bem como orientações para o uso e prevenção do perfil individual das pessoas (*profiling*) e consequências imprevistas. Aproveitar o *big data* para substituir os processos que hoje são feitos manualmente pode fazer que certos empregos se tornem obsoletos, mas também pode criar novas categorias de empregos e oportunidades que atualmente não existem no mercado.

Impactos positivos

– Decisões melhores e mais rápidas.
– Mais tomada de decisões em tempo real.
– Dados abertos para a inovação.
– Empregos para advogados.
– Redução da complexidade e mais eficiência para os cidadãos.
– Redução de custos.
– Novas categorias de trabalho.

Impactos negativos

– Perdas de trabalho.
– Preocupações com a privacidade.
– Prestação de contas (quem é o dono do algoritmo?).
– Confiança (como confiar nos dados?).
– Brigas por algoritmos.

Desconhecido, ou positivo e negativo
– Caracterização do perfil individual (*profiling*).
– Mudanças nas estruturas comerciais, legais e normativas.

A mudança em ação

O volume dos dados comerciais de todo o mundo, em todas as empresas, dobra a cada 1,2 ano.

Fonte: Vincent Granville, "A Comprehensive List of Big Data Statistics", 21 out. 2014. Disponível em: http://www.bigdatanews.com/profiles/blogs/acomprehensive-list-of-big-data-statistics.

Desde Iowa até a Índia, os agricultores estão usando os dados de sementes, satélites, sensores e tratores para melhorar as decisões sobre o que plantar, quando plantar, como monitorar o frescor dos alimentos – da fazenda à mesa – e como se adaptar às mudanças climáticas.

Fonte: "What's the Big Deal with Data", BSA | Software Alliance. Disponível em: http://data.bsa.org/.

Para melhor informar os frequentadores do restaurante sobre locais insalubres, São Francisco, em colaboração com o Yelp, montou um programa piloto de êxito – fundindo os dados das inspeções sanitárias feitas pela cidade nos restaurantes às páginas de avaliação do *site*. Se você abrir a página do restaurante Tacos El Primo, por exemplo, ele mostra a pontuação sanitária: 98 de 100. As classificações do Yelp são muito poderosas. Além de servir como um porta-voz para que a cidade possa falar sobre riscos alimentares aos moradores, a colaboração constitui uma forma de punir os infratores contumazes para que respeitem as normas sanitárias.

Fonte: Disponível em: http://www.citylab.com/cityfixer/2015/04/3-cities-using-opendata-in-creative-ways-to-solve-problems/391035/.

Mudança 12: Carros sem motorista

O ponto de inflexão: carros sem motoristas chegarão a 10% de todos os automóveis em uso nos EUA.

Até 2025: 79% dos entrevistados esperam que esse ponto de inflexão ocorra.

Os testes com carros sem motorista, efetuados por grandes empresas como a Audi e o Google, já estão em curso; várias outras empresas também estão se esforçando para o desenvolvimento de novas soluções. Esses veículos podem ser potencialmente mais eficientes e mais seguros do que os carros com pessoas por trás do volante. Além disso, eles poderiam reduzir os congestionamentos, as emissões e suplantar os modelos existentes de transporte e logística.

Impactos positivos
- Maior segurança.
- Mais tempo para se concentrar no trabalho e/ou consumir conteúdo nas mídias.
- Efeito sobre o meio ambiente.
- Menos estresse e agressividade.
- Mobilidade aprimorada para os mais velhos e deficientes, entre outros.
- Adoção de veículos elétricos.

Impactos negativos
- Perdas de trabalho (motoristas de táxi e caminhão, indústria automobilística).
- Mudança drástica em relação ao seguro e à assistência ao motorista ("pague mais para poder dirigir").
- Diminuição da receita de infrações de trânsito.
- Menos proprietários de carros.
- Estruturas legais para poder dirigir.
- *Lobby* contra a automação (pois as pessoas não poderão mais dirigir).
- *Hacking*/ciberataques.

A mudança em ação

Em outubro de 2015, a Tesla tornou semiautônomos seus carros vendidos no ano passado nos Estados Unidos através da atualização de seu *software*.
Fonte: Disponível em: http://www.wired.com/2015/10/tesla-self-driving-over-air-update-live.

O Google planeja construir e disponibilizar carros autônomos ao público em 2020.
Fonte: Thomas Halleck, "Google Inc. Says Self-Driving Car Will Be Ready by 2020". *International Business Times*, 14 jan. 2015. Disponível em: http://www.ibtimes.com/google-inc-says-self-driving-car-will-be-ready-2020-1784150.

No verão de 2015, dois *hackers* demonstraram que podiam invadir o sistema de um carro em movimento, controlar as funções de seu painel, direção, freios etc., tudo através do sistema de entretenimento do veículo.
Fonte: Disponível em: http://www.wired.com/2015/07/hackers-remotely-kill-jeep-highway/.

Em 2012, o estado de Nevada, nos Estados Unidos, foi o primeiro a aprovar uma lei permitindo carros sem motorista (autônomos).

Fonte: Alex Knapp, "Nevada Passes Law Authorizing Driverless Cars". *Forbes*, 22 jun. 2011. Disponível em: http://www.forbes.com/sites/alexknapp/2011/06/22/nevadapasses-law-authorizing-driverless-cars/.

Mudança 13: A Inteligência Artificial (IA) e a tomada de decisões

O ponto de inflexão: a primeira máquina com IA a fazer parte de um conselho de administração.

Até 2025: 45% dos entrevistados esperam que esse ponto de inflexão ocorra.

Além de dirigir carros, a IA pode aprender a partir de situações anteriores para apresentar sugestões e automatizar os processos futuros de decisões complexas, facilitando e tornando mais rápidas as conclusões concretas com base em dados e experiências passadas.

Impactos positivos

- Decisões racionais, orientadas por dados; menos viés.
- Eliminação da "exuberância irracional".
- Reorganização das burocracias ultrapassadas.
- Ganhos no trabalho e inovação.
- Independência energética.
- Avanços na ciência médica, a erradicação de doenças.

Impactos negativos

- Prestação de contas (quem é o responsável, direitos fiduciários, questões jurídicas).
- Perdas de trabalho.
- *Hacking*/cibercrime.
- Responsabilidade e responsabilização, governança.
- Tornar-se incompreensível.
- Aumento da desigualdade.
- "Infringir o algoritmo".
- Ameaças existenciais para a humanidade.

A mudança em ação

O ConceptNet 4, uma rede semântica de IA, passou recentemente em um teste de QI, sendo melhor que a maioria das crianças de quatro anos – há três anos, ele mal conseguia competir com uma criança de um ano. A próxima versão está pronta e espera-se que ela tenha as habilidades verbais de uma criança entre cinco e seis anos.

Fonte: "Verbal IQ of a Four-Year Old Achieved by an AI System". Disponível em: http://citeseerx.ist.psu.edu/viewdoc/download?doi=10.1.1.386.6705&rep=rep1&type=pdf.

Se a lei de Moore continuar a valer, conforme tem funcionado nos últimos 30 anos, as CPUs atingirão o mesmo nível de processamento do cérebro humano em 2025. A *Deep Knowledge Ventures*, um fundo de capital de risco com base em Hong Kong que investe em ciências biológicas, pesquisas sobre o câncer, doenças relacionadas com o envelhecimento e medicina regenerativa, nomeou para seu conselho de administração um algoritmo de inteligência artificial, chamado VITAL (*Validating Investment Tool for Advancing Life Sciences* – Ferramenta de Validação de Investimentos para o Avanço das Ciências Biológicas).

Fonte: BBC, "Algorithm appointed board director". Disponível em: http://www.bbc.com/news/technology-27426942.

Mudança 14: A Inteligência Artificial (IA) e as funções administrativas

O ponto de inflexão: 30% das auditorias corporativas realizadas por IA.

Até 2025: 75% dos entrevistados esperam que esse ponto de inflexão ocorra.

A IA é boa para fazer correspondência de padrões e automatizar processos, que torna a tecnologia interessante para muitas funções em grandes organizações. É possível visualizarmos um ambiente futuro em que a IA poderá substituir várias funções desempenhadas hoje por pessoas.

Uma pesquisa da *Oxford Martin School*[92] estudou a suscetibilidade de as profissões serem substituídas pela IA e por robôs; alguns resultados são preocupantes. O modelo prevê que até 47% dos empregos de 2010 nos EUA são altamente suscetíveis de serem computadorizados nos próximos 10-20 anos (Figura V, p. 142).

---

92. Carl Benedikt Frey e Michael A. Osborne, "The Future of Employment: How Susceptible Are Jobs to Computerisation?", 17 set. 2013. Disponível em: http://www.oxfordmartin.ox.ac.uk/downloads/academic/The_Future_of_Employment.pdf.

142 | A QUARTA REVOLUÇÃO INDUSTRIAL

Figura V. Distribuição da estrutura de empregos dos EUA* e a probabilidade de serem informatizados

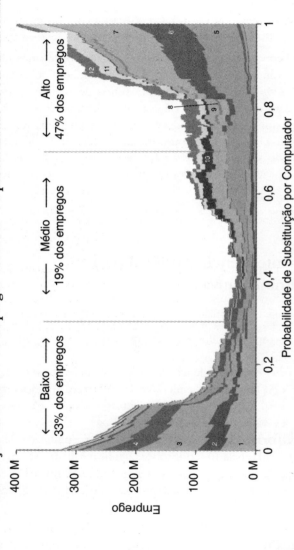

* Distribuição baseada no *mix* de empregos de 2010.
Fonte: Frey, C. B. e M. A. Osborne, "The Future of Employment: How Susceptible Are Jobs to Computerisation?", 17 set. 2013.

Impactos positivos

— Reduções dos custos.
— Ganhos em eficiência.
— Desbloqueio das inovações, oportunidades para pequenas empresas, *startups* (menores barreiras à entrada, "*software* como um serviço" para tudo).

Impactos negativos

— Perdas de trabalho.
— Prestação de contas e responsabilidade.
— Mudanças legais, de relatos financeiros, riscos.
— Automação do trabalho (consulte o estudo da *Oxford Martin*).

A mudança em ação

Os avanços em automação foram relatados na revista *Fortune*:

O Watson da IBM, conhecido por seu desempenho estelar no programa de TV *Jeopardy!*, demonstrou que consegue diagnosticar o câncer de pulmão com uma taxa mais precisa que humanos — 90% contra 50% em alguns testes. A razão disso são os dados. Para manter-se atualizado com os dados clínicos, um médico precisaria estudar 160 horas por semana; dessa forma, é impossível analisar a quantidade de novos conhecimentos ou mesmo os conjuntos de evidências clínicas que poderiam oferecer vantagens para seus diagnósticos. Os cirurgiões já utilizam sistemas automatizados para auxiliá-los nos procedimentos pouco invasivos.

Fonte: Erik Sherman, *Fortune*, 25 fev. 2015. Disponível em: http://fortune.com/2015/02/25/5-jobs-that-robots-already-are-taking/.

Mudança 15: Robótica e serviços

O ponto de inflexão: o primeiro farmacêutico robótico dos EUA.

Até 2025: 86% dos entrevistados esperam que esse ponto de inflexão ocorra.

A Robótica está começando a influenciar muitos postos de trabalho, desde a produção até a agricultura e serviços de varejo. De acordo com a Federação Internacional de Robótica, o mundo agora inclui 1,1 milhão de robôs em funcionamento e as máquinas dão conta de 80% do trabalho na fabricação de um carro.[93] Os robôs estão agilizando as cadeias de fornecimento para entregar resultados comerciais mais eficientes e previsíveis.

Impactos positivos

– Cadeia de fornecimento e logística, eliminações.
– Mais tempo para o lazer.
– Melhores resultados para a saúde (grande volume de dados para a pesquisa e desenvolvimento de produtos farmacêuticos).
– Caixas eletrônicos (bancos) como pioneiros.
– Maior acesso a materiais.
– "Remigração" da produção (ou seja, substituição dos trabalhadores estrangeiros por robôs).

Impactos negativos

– Perdas de trabalho.
– Responsabilidade e transparência.
– Normas sociais do dia a dia, serviços 24 horas e fim do trabalho das 9h às 17h.
– *Hacking* e ciber-risco.

A mudança em ação

Um artigo do *The Fiscal Times* no *site* CNBC.com afirma:

> A Rethink Robotics lançou o Baxter [no outono de 2012] e recebeu uma resposta arrebatadora da indústria de transformação: em abril, já havia vendido todo seu estoque...
>
> [Em abril] a Rethink lançou uma plataforma de *software* que [permite] Baxter realizar um sequenciamento mais complexo de tarefas – por exemplo, pegar uma peça, segurá-la em frente a uma estação de inspeção e receber um sinal para colocá-la no grupo de peças "boas" ou "ruins". A empresa também [lançou] um *kit* de desenvolvimento do *software* [...] que permitirá que terceiros – como os pesquisadores de robótica da Universidade – criem aplicativos para o Baxter.

Fonte: Blaire Briody, "The Robot Reality: Service Jobs Are Next to Go". *The Fiscal Times*, 26 mar. 2013. Disponível em: http://www.cnbc.com/id/100592545.

---

93. Will Knight, "This Robot Could Transform Manufacturing", *MIT Technology Review*, 18 set. 2012. Disponível em: http://www.technologyreview.com/news/429248/this-robotcould-transform-manufacturing/.

Mudança 16: *Bitcoin* e *blockchain*

O ponto de inflexão: 10% do produto interno bruto mundial (PIB) armazenado pela tecnologia *blockchain*.

Até 2025: 58% dos entrevistados esperam que esse ponto de inflexão ocorra.

Bitcoin e as moedas digitais baseiam-se na ideia de um mecanismo de confiança distribuído chamado *blockchain*, uma forma de manter o controle de transações confiáveis de modo repartido. Atualmente, o valor total do *bitcoin* no *blockchain* é de cerca US$ 20 bilhões, ou cerca de 0,025% do PIB mundial que está em torno de US$ 80 trilhões.

Impactos positivos

– Aumento da inclusão financeira nos mercados emergentes, à medida que os serviços financeiros ganham massa crítica no *blockchain*.
– A desintermediação de instituições financeiras, pois os novos serviços e trocas de valor são criados diretamente no *blockchain*.
– Uma explosão em bens negociáveis, pois todos os tipos de troca de valor podem ser hospedados no *blockchain*.
– Melhores registros de propriedade em mercados emergentes e a capacidade de transformar tudo em um ativo transacionável.
– Contatos e serviços jurídicos cada vez mais ligados aos códigos vinculados ao *blockchain*, que poderiam ser utilizados como conta de caução inquebrável ou contratos inteligentes projetados por meio da programação.
– Aumento da transparência, pois o *blockchain* é essencialmente um livro contábil global que armazena todas as transações.

A mudança em ação

O *site* Smartcontracts.com oferece contratos programáveis que fazem os pagamentos entre duas partes após a determinação de certos critérios, sem envolver um intermediário. Esses contratos são fixados no *blockchain* como "estados contratuais autoexecutáveis", eliminando o risco de depender da outra parte para que o compromisso seja cumprido.

Mudança 17: A economia compartilhada

O ponto de inflexão: globalmente, mais viagens/trajetos por meio de compartilhamento do que em carros particulares.

Até 2025: 67% dos entrevistados esperam que esse ponto de inflexão ocorra.

O entendimento comum desse fenômeno é a capacidade, geralmente possibilitada pela tecnologia, de que entidades (indivíduos ou organizações) compartilharão o uso de um bem/ativo físico, ou compartilharão/prestarão um serviço, em um nível de eficiência que, anteriormente, era muito mais baixo ou talvez impossível. A partilha de bens ou serviços é geralmente habilitada por mercados *on-line*, serviços dos aplicativos/localização do celular ou outras plataformas tecnológicas. Estes reduziram tanto os custos de transação e fricção do sistema a ponto de haver ganho econômico para todos os envolvidos, dividido em incrementos muito menores.

Existem exemplos bem conhecidos da economia compartilhada no setor de transporte. A Zipcar oferece um método para as pessoas compartilharem o uso de um veículo por períodos mais curtos e mais razoáveis do que as tradicionais locadoras de carro. A RelayRides oferece uma plataforma para localizar e pegar emprestado o veículo pessoal de alguém por um tempo determinado. A Uber e a Lyft oferecem serviços semelhantes ao dos táxis com maior eficiência e por meio de pessoas agregadas por um serviço que é possibilitado por outros de localização, acessados através dos aplicativos dos celulares. Além disso, eles estão disponíveis a qualquer momento.

A economia compartilhada tem vários ingredientes, características ou descritores: possibilitada pela tecnologia, preferência do acesso à propriedade, ponto a ponto (*peer-to-peer*), partilha de bens pessoais (em vez de bens corporativos), facilidade de acesso, maior interação social, consumo colaborativo e *feedback* do usuário compartilhado de forma aberta (resultando em maior confiança). Mas nem todos esses ingredientes estão presentes nas transações da "economia compartilhada".

Impactos positivos
- Maior acesso a ferramentas e outros recursos físicos úteis.
- Melhores resultados ambientais (menor produção e menos bens são necessários).
- Disponibilidade de serviços mais pessoais.
- Maior capacidade de viver sem fluxo de caixa (com menor necessidade de poupança para poder usar os bens).
- Melhor utilização dos bens.
- Menos oportunidades de abuso de confiança, possíveis pelos *feedbacks* diretos e públicos.
- Criação de economias secundárias (motoristas da Uber entregando bens ou alimentos).

Impactos negativos
- Menor resistência após a perda de emprego (por causa da poupança menor).
- Mais trabalhos contratados/baseados em tarefas (em vez do emprego de longo prazo que normalmente é mais estável).
- Diminuição da capacidade de mensurar essa economia potencialmente cinza.
- Mais oportunidades para abusos de confiança de curto prazo.
- Menos capital de investimento disponível no sistema.

Desconhecido, ou positivo e negativo
- Mudança em relação à propriedade dos bens.
- Mais modelos com base em assinatura.
- Menos poupança.
- Falta de clareza sobre o que significa "riqueza" e "bem de vida".
- Menor clareza sobre o que constitui um "trabalho".
- Dificuldade para mensurar essa economia potencialmente "cinza".
- Ajuste da tributação e dos regulamentos baseados na propriedade/vendas para modelos com base no uso.

A mudança em ação

Uma noção particular de propriedade está subjacente a esse desenvolvimento e reflete-se nas seguintes questões.
- A maior varejista não possui uma única loja? (Amazon)
- O maior fornecedor de quartos não possui um único hotel? (Airbnb)
- O maior provedor de transporte não possui um único carro? (Uber)

Mudança 18: Os governos e o *blockchain*

O ponto de inflexão: primeira arrecadação de impostos através de um *blockchain*.

Até 2025: 73% dos entrevistados esperam que esse ponto de inflexão ocorra.

O *blockchain* cria oportunidades e desafios para os países. Por um lado, ele não é regulamentado nem possui supervisão de nenhum Banco Central, ou seja, há menos controle sobre a política monetária. Por outro, ele cria a possibilidade de novos mecanismos de tributação que podem ser construídos no próprio *blockchain* (por exemplo, um pequeno imposto sobre as transações).

Impactos desconhecidos, ou positivos e negativos
– Bancos centrais e política monetária.
– Corrupção.
– Tributação em tempo real.
– O papel do governo.

A mudança em ação

Em 2015, a primeira nação virtual, a BitNation, foi criada usando a estrutura do *blockchain* como a tecnologia para identificação de sua fundação e para os documentos de identidade de seus cidadãos. Ao mesmo tempo, a Estônia tornou-se o primeiro governo real a implantar a tecnologia *blockchain*.

Fontes: Disponíveis em: https://bitnation.co/; http://www.pymnts.com/news/2014/estonian-national-id-cards-embrace-electronic-payment-capabilities/#.Vi9T564rJPM.

Mudança 19: Impressão em 3D e fabricação

O ponto de inflexão: produção do primeiro carro impresso em 3D.

Até 2025: 84% dos entrevistados esperam que esse ponto de inflexão ocorra.

A impressão em 3D, ou fabricação aditiva, consiste na criação de um objeto físico por impressão, camada sobre camada, de um modelo ou desenho digital em 3D. Imagine-se criando um pão, pedaço por pedaço. A impressão em 3D poderá criar produtos muito complexos sem equipamentos complexos.[94] Em certo momento, diferentes tipos de materiais poderão ser usados na impressora 3D – como plástico, alumínio, aço inoxidável, ligas de cerâmicas ou até mesmo ligas mais complexas – e a impressora será capaz de fazer aquilo que, anteriormente, somente seria possível por meio de uma fábrica completa. Ela já está sendo usada em uma variedade de aplicações, desde a produção de turbinas eólicas até brinquedos.

Ao longo do tempo, as impressoras 3D irão superar os obstáculos da velocidade, dos custos e do tamanho e se tornarão mais difundidas. Gartner desenvolveu um gráfico do "Ciclo do *hype*" (Figura VI) mostrando os vários estágios das diferentes capacidades da impressão em 3D, seu impacto no mercado e o uso que a maioria dos negócios fazem da tecnologia quando entram na "curva do esclarecimento".[95]

---

94. Disponível em: http://www.stratasys.com/.
95. Dan Worth, "Business Use of 3D Printing is Years Ahead of Consumer Uptake", V3.co.uk, 19 ago. 2014. Disponível em: http://www.v3.co.uk/v3-uk/news/2361036/business-use-of-3d-printing-is-years-ahead-of-consumer-uptake.

APÊNDICE – A MUDANÇA PROFUNDA | 149

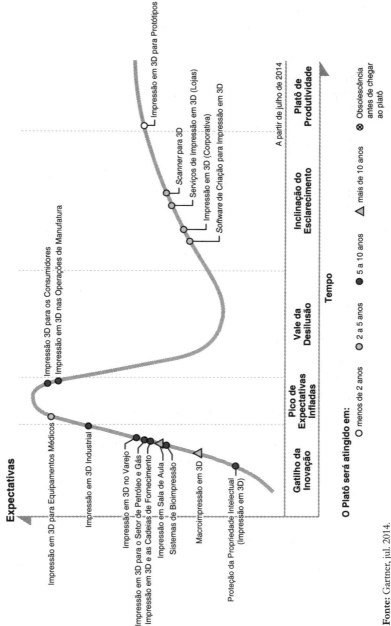

Figura VI. Ciclo do *hype* da impressão em 3D

Fonte: Gartner, jul. 2014.

Impactos positivos
- Desenvolvimento acelerado de produtos.
- Redução do ciclo projeto-manufatura.
- Peças complicadas fabricadas facilmente (impossíveis ou difíceis de serem feitas antes).
- Demanda crescente por *designers* de produtos.
- Instituições educacionais utilizando a impressão em 3D para acelerar o aprendizado e o entendimento.
- Poder de criação/fabricação democratizado (limitados somente pelo *design*).
- A fabricação tradicional em massa responderá a esse desafio ao buscar formas de reduzir os custos e o tamanho dos ciclos mínimos de produção.
- Maior número de "projetos" em código-fonte aberto para imprimir vários tipos de objetos.
- O nascimento de uma nova indústria para o fornecimento de materiais de impressão.
- Aumento das oportunidades empresariais no espaço.[96]
- Benefícios ambientais em razão dos requisitos reduzidos de transporte.

Impactos negativos
- Aumento dos resíduos para eliminação, sobrecarregando mais o meio ambiente.
- Produção de peças anisotrópicas no processo de camada, ou seja, elas não possuem a mesma força em todas as direções; isso pode limitar a funcionalidade das peças.
- Perda de trabalho em uma indústria disruptiva.
- A primazia da propriedade intelectual como fonte de valor da produtividade.
- Pirataria.
- Marca e qualidade do produto.

Desconhecido, ou positivo e negativo
- A possibilidade de qualquer inovação poder ser copiada instantaneamente.

---

96. "The 3D Printing Startup Ecosystem", SlideShare.net, 31 jul. 2014. Disponível em: http://de.slideshare.net/SpontaneousOrder/3d-printing-startup-ecosystem.

A mudança em ação

A *Fortune* fez recentemente uma reportagem sobre um exemplo de impressão em 3D:

> A turbina "LEAP" da General Electric não é apenas uma das mais vendidas da empresa, mas também incorpora um injetor de combustível produzido inteiramente através da fabricação aditiva. O processo, popularmente conhecido como impressão em 3D, envolve a construção de camadas de material (neste caso, ligas metálicas) de acordo com um projeto digital preciso. A GE está atualmente terminando os testes das novas Turbinas LEAP, mas as vantagens da fabricação aditiva de peças já haviam sido atestadas em outros modelos.

Fonte: Andrew Zaleski, "GE's first 3D-printed parts take flight", *Fortune*, 12 maio 2015. Disponível em: http://fortune.com/2015/05/12/ge-3d-printed-jet-engine-parts/.

Mudança 20: Impressão em 3D e saúde humana

O ponto de inflexão: o primeiro transplante de um fígado impresso em 3D.

Até 2025: 76% dos entrevistados esperam que esse ponto de inflexão ocorra.

Um dia, as impressoras 3D não irão criar somente coisas, mas também órgãos humanos – um processo chamado bioimpressão. De forma bastante semelhante à impressão de objetos, um órgão é impresso camada por camada a partir de um modelo digital em 3D.[97] O material usado para imprimir um órgão será, obviamente, diferente daquele utilizado para uma bicicleta; os experimentos são feitos com os tipos de materiais que poderão funcionar, tal como o pó de titânio para fazer ossos. A impressão em 3D tem um grande potencial para servir às necessidades personalizadas dos projetos; e não há nada mais personalizado que um corpo humano.

Impactos positivos

– Abordar a escassez de órgãos doados (uma média de 21 pessoas morrem todos os dias à espera de transplantes que não podem ocorrer por causa da falta do órgão).[98]

---

97. Alban Leandri, "A Look at Metal 3D Printing and the Medical Implants Industry", 3DPrint.com, 20 mar. 2015. Disponível em: http://3dprint.com/52354/3d-print-medical-implants/.
98. "The Need is Real: Data", US Department of Health and Human Services, organdonor.gov. Disponível em: http://www.organdonor.gov/about/data.html.

- Impressão de próteses: substituição de partes do corpo/membros.
- Impressões efetuadas nos hospitais para todos os pacientes que necessitam de cirurgia (por exemplo, talas, gessos, implantes, parafusos).
- Medicina personalizada: a impressão em 3D irá crescer com maior velocidade nas áreas em que os clientes precisam de uma versão ligeiramente diferente, de uma parte do corpo (por exemplo, uma coroa de um dente).
- Impressão de componentes de equipamentos médicos que são difíceis ou caros de achar, por exemplo, transdutores.[99]
- Impressão, por exemplo, de implantes dentários, marca-passos e pinos para fraturas ósseas nos hospitais locais em vez de importá-los, reduzindo, assim, o custo das operações.
- Mudanças fundamentais nos testes de drogas, que podem ser feitos em objetos humanos reais, dada a disponibilidade de órgãos totalmente impressos.
- Impressão de alimentos, melhorando assim a segurança alimentar.

Impactos negativos

- Produção não controlada ou não regulamentada de partes do corpo humano, equipamentos médicos ou de alimentos.
- Aumento dos resíduos para eliminação, sobrecarregando mais o meio ambiente.
- Grandes debates éticos decorrentes da impressão de partes do corpo e órgãos: quem irá controlar a capacidade de produzi-los? Quem irá garantir a qualidade dos órgãos impressos?
- Desincentivos distorcidos para a saúde: se tudo é substituível, por que viver de forma saudável?
- Impacto na agricultura dos alimentos impressos.

A mudança em ação

O primeiro uso de um implante de coluna impressa em 3D foi relatado na *Popular Science*:

> [Em 2014], os médicos do Terceiro Hospital da Universidade de Pequim conseguiram implantar a primeira seção de uma vértebra impressa em 3D em um paciente jovem para substituir uma vértebra cancerosa de seu pescoço.

---

99. "An Image of the Future", *The Economist*, 19 maio 2011. Disponível em: http://www.economist.com/node/18710080.

A vértebra substituta foi modelada a partir da vértebra existente do menino, facilitando sua integração.

Fonte: Loren Grush, "Boy Given a 3-D Printed Spine Implant", *Popular Science*, 26 ago. 2014. Disponível em: http://www.popsci.com/article/science/boy-given-3-dprinted-spine-implant.

Mudança 21: Impressão em 3D e produtos de consumo

O ponto de inflexão: 5% dos produtos aos consumidores impressos em 3D.

Até 2025: 81% dos entrevistados esperam que esse ponto de inflexão ocorra.

Já que a impressão em 3D pode ser feita por qualquer pessoa que tenha uma impressora 3D, isso cria oportunidades para que os produtos comuns de consumo sejam impressos localmente e a pedido do cliente, em vez de precisarem ser comprados em lojas. A impressora 3D acabará sendo um serviço ou até mesmo um eletrodoméstico. Isso reduz ainda mais o custo de acesso a bens de consumo e aumenta a disponibilidade de objetos impressos em 3D. As áreas atuais para a impressão em 3D (Figura VII) indicam vários setores relacionados ao desenvolvimento e produção de produtos de consumo (teste de conceito, protótipo e produção).

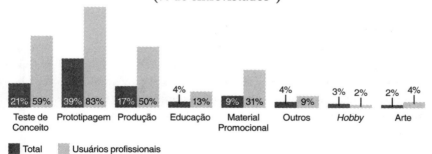

Figura VII. Uso da impressão em 3D em diversas áreas (% de entrevistados*)

* Porcentagens dos entrevistados pela pesquisa efetuada pela Sculpteo.

Fonte: Sculpteo, The State of 3D Printing (survey of 1,000 people) [Estado da Impressão em 3D, pesquisa com 1.000 pessoas], conforme publicado em J. Hedstrom, "The State of 3D Printing...", *Quora*.[100]

---

100. Jessica Hedstrom, "The State of 3D Printing", 23 maio 2015. Disponível em: http://jesshedstrom.quora.com/The-State-of-3D-Printing.

Impactos positivos
- Maior personalização dos produtos e fabricação pessoal.
- Criação de produtos de nicho e lucros pela venda deles.
- Maior crescimento da impressão em 3D nas áreas em que os clientes possuem necessidades ligeiramente diferentes de um produto – por exemplo, os pés, com determinada forma, precisam de sapatos com tamanhos específicos.
- Redução dos custos com logística, gerando a possibilidade de enormes economias.[101]
- Contribuição para muitas atividades locais; elaboração dos próprios produtos, eliminando os custos de logística (economia circular).

Impactos negativos
- Cadeia de suprimentos e logística global e regional: menor demanda, resultando em perdas de emprego.
- Controle de armas: oportunidades para a impressão de objetos com níveis elevados de abuso, tais como armas.
- Aumento dos resíduos para eliminação, sobrecarregando mais o meio ambiente.
- Grandes rupturas nos controles de produção, leis sobre o consumo, barreiras comerciais, patentes, impostos e outras restrições governamentais; além da luta para se adaptar.

A mudança em ação

Quase 133 mil impressoras 3D foram vendidas no mundo, em 2014, um aumento de 68% desde 2013. A maioria das impressoras vendidas custavam menos de US$ 10.000 e eram, portanto, adequadas para a utilização em laboratórios, escolas, pequenas empresas de manufatura etc. Como resultado, o tamanho da indústria de materiais e serviços em 3D cresceu fortemente, para US$ 3,3 bilhões.[102]

---

101. Maurizio Bellemo, "The Third Industrial Revolution: From Bits Back to Atoms", CrazyMBA. Club, 25 jan. 2015. Disponível em: http://www.crazymba.club/the-third-industrial-revolution/.
102. T. E. Halterman, "3D Printing Market Tops $ 3.3 Billion, Expands by 34% in 2014", 3DPrint.com, 2 abr. 2015. Disponível em: http://3dprint.com/55422/3d-printing-market-tops-3-3-billion-expands-by-34-in-2014/.

Mudança 22: Seres projetados[103]

O ponto de inflexão: nascimento do primeiro ser humano cujo genoma foi direta e deliberadamente editado.

Desde a virada do século, o custo do sequenciamento de um genoma humano inteiro diminuiu quase seis ordens de magnitude. O projeto genoma humano gastou US$ 2,7 bilhões para produzir o primeiro genoma inteiro em 2003. Em 2009, o custo já havia caído para 100 mil. Atualmente, os pesquisadores pagam US$ 1.000 aos laboratórios especializados para que sequenciem o genoma humano. Uma tendência semelhante ocorreu mais recentemente na área de edição do genoma com o desenvolvimento do método CRISPR/Cas9, que está sendo amplamente adotado em virtude de sua maior eficácia e eficiência e menor custo do que as abordagens anteriores.

A verdadeira revolução, portanto, não está na capacidade repentina para que dedicados cientistas editem os genes de plantas e animais, mas na maior facilidade que as novas tecnologias de sequenciamento e edição oferecem, aumentando enormemente o número de pesquisadores que poderão realizar experimentos.

Impactos positivos
– Maiores rendimentos agrícolas graças a sementes e tratamentos de sementes para que sejam mais robustas, eficazes e produtivas.
– Terapias médicas mais eficazes por meio de medicina personalizada.
– Diagnósticos médicos mais rápidos, mais precisos e menos invasivos.
– Maiores níveis de compreensão do impacto humano sobre a natureza.
– Redução da incidência de doenças genéticas e do sofrimento relacionado a elas.

Impactos negativos
– Risco de interação entre animais/humanos editados e a saúde humana/do meio ambiente.
– Desigualdade exacerbada, por causa do alto custo de acesso às terapias.
– Reação social negativa ou rejeição da tecnologia de edição genética.
– Uso indevido dos dados genéticos por governos ou empresas.
– Divergências internacionais sobre uso ético das tecnologias de edição do genoma.

---

103. Nota: este ponto de inflexão não fazia parte da pesquisa original (Deep Shift – Technology Tipping Points and Societal Impact, Survey Report, World Economic Forum, set. 2015).

Desconhecido, ou positivos e negativos
- Aumento da longevidade.
- Dilemas éticos sobre a natureza da humanidade.
- Mudanças culturais.

A mudança em ação

Em março de 2015, cientistas de renome publicaram um artigo na revista *Nature* pedindo uma pausa na edição de embriões humanos por existirem "graves preocupações sobre as implicações éticas e de segurança da pesquisa". Apenas um mês mais tarde, em abril de 2015, "Pesquisadores liderados por Junjiu Huang, da Universidade de Yat-sen em Guangzhou, publicaram o primeiro artigo científico do mundo sobre a alteração do DNA de embriões humanos.

Fontes: Disponíveis em: http://www.nature.com/news/don-t-edit-the-human-germ-line-1.17111; http://qz.com/389494/chinese-researchers-are-the-first-to-genetically-modify-a-human-embryo-and-many-scientists-think-theyve-gone-too-far/; http://qz.com/389494/chinese-researchers-are-the-first-to-genetically-modify-a-human-embryo-and-many-scientists-think-theyve-gone-too-far/.

Mudança 23: Neurotecnologias[104]

O ponto de inflexão: o primeiro humano com memória totalmente artificial implantada no cérebro.

Não há áreas de nossas vidas pessoais e profissionais que não se beneficiariam pela melhor compreensão sobre o funcionamento de nosso cérebro – de forma individual e coletiva. Isso é ressaltado pelo fato de que, ao longo dos últimos anos, entre os programas de pesquisa que receberam os maiores financiamentos no mundo, dois deles fazem parte da neurociência: o *Human Brain Project* (Projeto Cérebro Humano, com mais de dez anos e com financiamento de € 1 bilhão da Comissão Europeia) e o projeto de iniciativa do presidente Obama: *Brain Research Through Advancing Innovative Neurotechnologies* (BRAIN – Pesquisa do Cérebro através do Avanço de Neurotecnologias Inovadoras). Embora esses programas concentrem-se principalmente na investigação científica e médica, estamos também testemunhando o rápido crescimento (e a influência) das neurotecnologias fora dos aspectos clínicos de nossas vidas. A neurotecnologia consiste em monitorar a atividade do cérebro e verificar como ele muda e/ou relaciona-se com o mundo.

---

104. *Ibid.*

Em 2015, por exemplo, a portabilidade e a acessibilidade dos dispositivos de captação das atividades cerebrais – ou *neuro-headsets* (o que já custa menos que um console de jogos) – oferecem possibilidades sem precedentes e mostram algo que, além de ser uma neurorrevolução, também poderá constituir uma revolução social.[105]

Impactos positivos
- Pessoas com deficiência podem agora controlar membros protéticos ou cadeiras de roda "com suas mentes".
- *Neurofeedback* é a possibilidade de monitorar a atividade do cérebro em tempo real e oferece inúmeras possibilidades para ajudar a combater o vício, para regular o comportamento alimentar e melhorar os desempenhos esportivos e em sala de aula.
- A capacidade de coletar, processar, armazenar e comparar grandes quantidades de dados relacionados às atividades do cérebro nos permite melhorar a eficiência dos diagnósticos e tratamentos de distúrbios cerebrais e questões relacionadas com a saúde mental.
- A lei deixará de ser mais genérica e será capaz de oferecer processos personalizados sobre os casos e abordar questões de responsabilidade em casos criminais de forma diferencial.
- A próxima geração de computadores com projeto baseado nas ciências do cérebro poderá argumentar, prever e reagir de forma semelhante ao córtex humano (uma área do cérebro conhecida como sede de inteligência).

Impactos negativos
- Discriminação com base no cérebro: os indivíduos não são apenas seus cérebros, dessa forma, existe o risco de que decisões sejam tomadas independentemente do contexto, segundo apenas os dados cerebrais em campos que vão desde a lei até as decisões de RH, comportamentos do consumidor ou educação.[106]

---

105. A. Fernandez, N. Sriraman, B. Gurewitz e O. Oullier. Pervasive Neurotechnology: a Groundbreaking Analysis of 10,000+ Patent Filings Transforming Medicine, Health, Entertainment and Business. *SharpBrains*, USA, 2015. 206 p. Disponível em: http://sharpbrains.com/pervasive-neurotechnology/.
106. O. Oullier. "Clear Up this Fuzzy Thinking on Brain Scans." *Nature*, 483(7387), p. 7, DOI: 10.1038/483007a, 2012. Disponível em: http://www.nature.com/news/clear-up-this-fuzzy-thinking-on-brain-scans-1.10127.

- Medo de que pensamentos/sonhos/desejos sejam descriptografados e de que a privacidade deixe de existir.
- Medo de a criatividade ou o toque humano desaparecerem lentamente; principalmente pelo exagero sobre o que as ciências do cérebro são capazes de fazer.
- Tornar indistinta a fronteira entre homem e máquina.

Desconhecido, ou positivo e negativo

- Mudanças culturais.
- Comunicações desincorporadas.
- Melhoria do desempenho.
- Ampliação da capacidade cognitiva humana que desencadeará novos comportamentos.

A mudança em ação

- Algoritmos de computação corticais já conseguem ler os atuais CAPTCHAs (testes amplamente utilizados para distinguir entre seres humanos e máquinas).
- A indústria automobilística desenvolveu sistemas de monitoramento de atenção e consciência que podem parar os carros quando as pessoas começam a adormecer no volante.
- Na China, um programa de computador inteligente fez pontuação maior que muitos humanos adultos em um teste de QI.
- O supercomputador Watson da IBM, após peneirar milhões de prontuários e bases de dados, começou a ajudar os médicos a escolher as opções de tratamento de pacientes com necessidades complexas.
- Sensores neuromórficos de imagens, ou seja, inspirados na comunicação entre o olho e o cérebro, terão impacto que vão desde o uso da bateria até a robótica.
- A neuroprostética está ajudando as pessoas com deficiência a controlar exoesqueletos e membros artificiais. Algumas pessoas cegas poderão enxergar (de novo).
- O programa de Restauração da Memória Ativa (RAM, na sigla em inglês) da DARPA é um precursor para a restauração e aperfeiçoamento da memória.
- Os sintomas de depressão em camundongos poderiam ser curados com a reativação artificial de lembranças felizes, conforme evidenciado por Neurocientistas do MIT.

Fontes:

M. Doraiswamy. "5 brain technologies that will shape our future". World Economic Forum Agenda, 9 ago. 2015. Disponível em: https://agenda.weforum.org/2015/08/5-brain-technologies-future/.

A. Fernandez. "10 neurotechnologies about to transform brain enhancement and brain health". SharpBrains, USA, 10 nov. 2015. Disponível em: http://sharpbrains.com/blog/2015/11/10/10-neurotechnologies-about-to-transform-brain-enhancement-and-brain-health/.

Este livro foi impresso pela Cromosete Gráfica e Editora
em fonte Garamond sobre papel Pólen Bold 90 g/m²
para a Edipro no outono de 2021.